In dieser Reihe sind
bisher erschienen:

Richtig Aerobic
Richtig Badminton
Richtig Basketball
Richtig Bergsteigen
Richtig Body-Styling
Richtig Carven
Richtig Fahrtensegeln
Richtig Fitness-Skating
Richtig Fußball
Richtig Golf
Richtig Golf länger und genauer
Richtig Golf rund ums Grün
Richtig Handball
Richtig Hanteltraining
Richtig Hochtouren
Richtig Inline-Skating
Richtig Jogging
Richtig Judo
Richtig Kanufahren
Richtig Karate
Richtig Marathon
Richtig Mountainbiken
Richtig Muskeltraining
Richtig Paragliding
Richtig Reiten
Richtig Rennradfahren
Richtig Schwimmen
Richtig Segeln
Richtig Skitouren
Richtig Snowboarding
Richtig Sporternährung
Richtig Sportklettern
Richtig Stretching
Richtig Taekwondo
Richtig Tai-Bo
Richtig Tanzen Lateinamerikanische Tänze
Richtig Tanzen Modetänze
Richtig Tanzen Standardtänze
Richtig Tauchen
Richtig Tennis
Richtig Tennistraining
Richtig Tischtennis
Richtig Trainieren im Fitness-Studio
Richtig Triathlon
Richtig Torwarttraining
Richtig Volleyball
Richtig Walking
Richtig Yoga

RICHTIG

BLV SPORTPRAXIS TOP

Peter Konopka

Sporternährung

blv

Bibliografische Information Der Deutschen Bibliothek
Die Deutsche Bibliothek verzeichnet diese Publikation in der Deutschen Nationalbibliografie; detaillierte bibliografische Daten sind im Internet über http://dnb.ddb.de abrufbar.

Dr. Peter Konopka, Internist, Sportmediziner, war zwölf Jahre ärztlicher Betreuer der deutschen Radnationalmannschaften zusammen mit Radweltmeister Rudi Altig als Bundestrainer. Außerdem war er selbst aktiver Radrennfahrer, Olympiaarzt bei den Olympischen Spielen in München und ärztlicher Betreuer bei insgesamt 16 Weltmeisterschaften. Seine Bücher über Sporternährung und Radsport sind Bestseller. Durch seine reichhaltigen Erfahrungen hat er die Fähigkeit, wissenschaftliche Erkenntnisse einfach und praxisnah darzustellen, vor allem weil er sich immer bemüht, die langfristig gültigen Wahrheiten zu entdecken. (Kontakt und Link: www. konopka-dr.de)

BLV Verlagsgesellschaft mbH
München Wien Zürich
80797 München

Lektorat: Maritta Kremmler
Layoutkonzeption: Parzhuber & Partner
Layout und DTP: Studio Pachlhofer/Tirol
Herstellung: Rosemarie Schmid

Gedruckt auf chlorfrei gebleichtem Papier

Printed in Germany · ISBN 3-405-16465-6

Hinweis
Das vorliegende Buch wurde sorgfältig erarbeitet. Dennoch erfolgen alle Angaben ohne Gewähr. Weder Autor noch Verlag können für eventuelle Nachteile oder Schäden, die aus den im Buch vorgestellten Informationen resultieren, eine Haftung übernehmen.

Bildnachweis
Archiv P. Konopka: S. 9, 10, 12, 18, 19, 34, 35, 44, 45, 48, 58, 71, 77, 101, 109, 111, 119
Exel: S. 108
Dr. Grandel GmbH: S. 14
Mauritius: S. 17, 116
H. Reinhard: S. 66, 118
H. Roth: S. 42, 117
U. Seer: S. 2, 62, 82, 98, 104, 107, 125
StockFood: S. 20, 57, 59, 74, 76, 81
P. Witek: S. 11, 51, 73

Grafiken: Jörg Mair

Umschlagfotos: Ulli Seer
Umschlaggestaltung: Joko Sander Werbeagentur, München

Vorwort

Über die Ernährung wird viel geschrieben, so viel wie über kaum ein anderes Thema. Das zeigt, wie groß das Bedürfnis nach der »richtigen« Ernährung ist. Die Vielfalt der Ernährungsempfehlungen, die sich zudem oft widersprechen und häufig schnell überholt sind, zeigt aber auch, dass es »die richtige« Ernährung vielleicht gar nicht gibt. Sonst könnte man sie auf einem einzigen Blatt niederschreiben und sie allen Menschen aushändigen. Damit wäre dann das Thema »Ernährung« wohl ein für alle Mal erledigt.

Aber auch wenn es die »richtige« Ernährung auf einem einzigen Blatt tatsächlich gäbe, wäre noch nicht viel erreicht, weil sich nicht alle Menschen danach richten würden. Warum das so ist, wäre die zweite Frage, die man sich stellen sollte.

Die Antwort liegt im Wesen des Menschen: Er ist eben doch nicht nur eine Maschine, und die Nahrung ist nicht nur ein Treibstoff, den man in diese Maschine hineinfüllt.

Medizin, Psychologie, Managementlehren und viele andere Wissenszweige versuchen zwar, ständig »neue« Einzelerkenntnisse zu gewinnen und sie in die »Ganzheitlichkeit« des Menschen einzufügen. Das Problem besteht nur darin, dass niemand so recht weiß, worin diese Ganzheitlichkeit des Menschen besteht und wohin sich der Mensch im dritten Jahrtausend entwickelt.

Man ist sich nach außen hin zwar einig, dass der Mensch ein Wesen aus Körper, Seele und Geist ist – oder eher in umgekehrter Reihenfolge. Man kennt sich nach wie vor am besten im Körper aus, identifiziert sich mit ihm und strebt danach, seine Bedürfnisse zu befriedigen. Das ist aber die niedrigste Ebene des menschlichen Daseins und erschließt bei weitem nicht das, was der Mensch in Wirklichkeit ist – und was er sein kann. Das trifft auch für die Ernährung zu, die an sich etwas anderes bedeutet als die Nahrung: Die Nahrung ist das Angebot, das zur Verfügung steht und meist für alle Menschen gleich ist. Die Ernährung ist das, was man daraus macht und was man aufgrund seiner persönlichen Neigungen und individuellen Bewusstseinslage – auch »Appetit« genannt – tatsächlich zu sich nimmt.

Der Zweck dieses Buches besteht darin, diese Vorgaben zu berücksichtigen und gleichzeitig die modernen wissenschaftlichen Erkenntnisse über die richtige Nahrung und Ernährung in einfachen, möglichst langfristig geltenden Richtlinien zusammenzufassen, so dass sie möglichst einfach in das eigene Leben übernommen werden können – wenn man das will.

Dieser Schritt vom »Sollen« zum »Wollen« wird durch die richtige Lebensweise gefördert; und »Lebensweise« ist genau das, was das griechische Wort »diaita«,

von dem unser Wort »Diät« abstammt, ursprünglich einmal bedeutet hat. Daraus ersieht man aber auch: Die früheren alten Weisen waren durch ihr intuitives Gespür in vielen Bereichen weiter, als wir heute mit unserem intellektuellen Wissen bald sein werden.
Das beste Ergebnis dürfte man erzielen, wenn man die intuitiven Erkenntnisse der Menschheit mit den intellektuellen Erkenntnissen der modernen Wissenschaften kombiniert.
Demnach sind wohl die verschiedenen »Diäten« out und überholt. Aber genauso verwirrend wäre es, sich gegen jede Krankheit und gegen jede Befindlichkeitsstörung einzeln präventiv mit einer speziellen Ernährung wappnen zu wollen. Im Grunde gibt es dann doch nur eine richtige Ernährung – nämlich die »gesunde«. Aber es muss noch etwas hinzukommen: Sie muss schmecken. Daher ist der beste Rat, den man schon an dieser Stelle geben kann:

Lebe so, dass dir das schmeckt, was gesund ist!

Das ist auch das Motto dieses Buches. Dorthin gelangt man durch die Verbindung der naturgesetzlich bedingten Ernährungswahrheiten mit einem modernen aktiven Lebensstil, der gekennzeichnet ist durch die richtige geistige Einstellung, eine richtig dosierte körperliche Bewegung und die Fähigkeit, in sich hinein zu hören. Die sich so entwickelnde »somatische Intelligenz« steuert unser Verhalten bis hin zum richtigen Appetit auf die richtige, gesunde Ernährung.

Dr. med. Peter Konopka

Die Kategorien der sportlichen Betätigung

Wie überall im Leben sollte man sich auch bei seinen sportlichen Aktivitäten zunächst darüber klar werden, was man will und welche Ziele man anstrebt; denn danach richten sich auch die Ernährungsbedürfnisse. Zumindest sollte man Empfehlungen aus dem Leistungs- und Hochleistungssport nicht einfach auf den Breiten- und Gesundheitssport übertragen, obwohl eine ganze Reihe von Grundprinzipien aus dem Hochleistungssport auf den Breitensport übertragbar sind – aber eben nicht alle. Daher bedarf es gleich zu Beginn klarer Definitionen der verschiedenen Kategorien sportlicher Aktivität.

Leistungs- und Hochleistungssport: ein freiwilliges Experimentierfeld, dessen Ergebnisse auch dem Breiten- und Gesundheitssport zugute kommen.

Hochleistungssport

In den Hochleistungs- oder Spitzensport werden alle Sportler eingeordnet, die nach nationalen und internationalen Maßstäben hervorragende Leistungen vollbringen. Die angestrebten Ziele sind Meisterschaft, Medaillen oder Rekorde, und diesen Zielen hat sich alles unterzuordnen. Der Hochleistungs- oder Spitzensport ist durch früher unvorstellbare Belastungsintensitäten und -umfänge gekennzeichnet, die oft die physiologischen Belastungsgrenzen des Menschen überschreiten. Wenn auch der frühere ethische Anspruch an den Sport, die Gesundheit des Menschen zu fördern, durch den heutigen Hochleistungssport oftmals ins Gegenteil verkehrt wird, so dient dieser doch als gewaltiges Experimentierfeld, aus dem man wichtige Erkenntnisse auch für den Breiten- und Gesundheitssport gewinnen kann.

Leistungssport

Im Vordergrund steht auch hier die Leistung, der sich das gesamte Alltagsleben unterordnet, mit dem Ziel, an Wettkämpfen teilzunehmen und gute Platzierungen zu erreichen. Entscheidend ist hier das Streben nach einer überdurchschnittlichen Leistung. Daher wird auch ein Freizeitsportler oder Alterssportler, der an Volksläufen oder Radmarathons teilnehmen und seine Leistung immer weiter verbessern will, allmählich zum Leistungssportler.

Gesundheitssport

Darunter versteht man vorwiegend der Gesundheit dienende Übungs- und Trainingsmaßnahmen. Die Motivation besteht hauptsächlich in der Förderung der Gesundheit. Gesundheitssport kann einerseits vorbeugend (präventiv), aber auch als therapeutischer Sport bei bereits bestehenden Erkrankungen oder Störungen betrieben werden. Dabei spielt eine hervorstechende persönliche Leistung keine Rolle. Auch Zweckmäßigkeitsgründe können für den Gesundheitssport sprechen, zum Beispiel um die Belastungen des heutigen Berufsalltages besser zu meistern oder im heutigen Jet-Zeitalter unempfindlicher gegen Klimaveränderungen zu werden. Auch eine höhere geistige Fitness oder eine Verlangsamung des Alterungsprozesses (Anti-Aging) sind Motive für den Gesundheitssport.

Breitensport

Im Breitensport besteht der Hauptantrieb in der Freude und im Spaß an der Bewegung an sich sowie an der Geselligkeit, die mit der körperlichen Aktivität verbunden ist, einschließlich der Pflege des Familienlebens. Die persönliche Leistung spielt auch hier keine Rolle. Wenn auch zunächst der Spieltrieb oder soziale Momente – und nicht etwa die Gesundheit – im Vordergrund stehen, kann der Breitensport doch oft der ideale Einstieg zum Gesundheitssport werden.

Der wesentliche Unterschied

Der wesentliche Unterschied zwischen dem Leistungs- und Hochleistungssport auf der einen und dem Breiten- und Gesundheitssport auf der anderen Seite besteht in der Belastungsintensität. Das Kennzeichen des Breiten- und Gesundheitssports ist die »moderate«, richtig dosierte und kontrollierte Belastungsintensität mit entsprechenden Stoffwechselanpassungen und Ernährungsbedürfnissen (siehe S. 108 ff.).

Breiten- und Gesundheitssport: Spaß und Freude, Gesundheit, Fitness und Geselligkeit ohne Leistungsdruck sind im Vordergrund.

Die Bedeutung der Ernährung

Irgendwo findet sich in jeder Familie ein rauchender Großvater oder eine dicke Großmutter. Was sollen also die zahlreichen Ratschläge für gesunde Lebensweise und Ernährung? Die Antwort ist: Einige kommen eben durch – aber wer, das weiß man erst am Schluss. Bis dahin ist das Leben so etwas wie russisches Roulette. Wenn man Roulette liebt, dann kann man drauflosleben, wie es einem gefällt. Aber wenn es schief geht, dann darf man nicht jammern. Und: Die Lebenszeit fehlt nicht zwischendurch, sondern erst am Ende – und dann wird es knapp. Aber es geht nicht nur um die Länge des Lebens, sondern auch um dessen Qualität. Um die Chancen zu erhöhen, ein hohes Lebensalter in Gesundheit und geistiger Frische zu erleben, empfiehlt es sich aber doch, über einige Gesetzmäßigkeiten zumindest nachzudenken.

Spiralnebel: Auch heute noch entstehen Planeten durch »Verdichtung« von Energie zu Materie.

Die Evolution

Der Mensch als Produkt einer langen Entwicklungsreihe

Alles fing mit dem »Urknall« an. Darüber ist man sich einig, auch wenn sich bereits einige Wissenschaftler fragen, was da eigentlich »geknallt« hat. Tatsache ist, dass die Entstehung des Lebens auf der Erde immer noch ein Geheimnis ist. Bis die Vorstufen des Menschen erschienen, vergingen erst einmal über vier Milliarden Jahre, und dann dauerte es noch einmal einige Millionen Jahre, bis sich der heutige »Homo sapiens« entwickelte. Bereits durch diese kurze Überlegung wird klar, dass der Mensch nicht erst seit seiner Geburt lebt , sondern dass er das vorläufige Endprodukt einer langen Entwicklungsreihe ist

Wir leben jetzt zwar in einem anscheinend sehr modernen Zeitalter, in dem man sich mit dem Klonen von Lebewesen befasst und »das Genom« des Menschen entschlüsselt hat, aber viel schlauer ist man dadurch nicht geworden, wenn man ehrlich ist.

Man ist überrascht, wie wenig sich »das Genom« des Menschen von dem anderer Lebewesen unterscheidet, von dem

eines Schimpansen zum Beispiel nur um knapp ein Prozent, oder wie es ein Genforscher formulierte: »Ein Mensch, drei Fliegen«. Mehr Gene hat ein Mensch nicht. Auch ist die Verschiedenheit der Persönlichkeit von über sechs Milliarden Menschen nicht durch die relative Einförmigkeit »des Genoms« zu erklären. Schließlich kann man auch nach wie vor kein Leben erzeugen, sondern nur mit lebendiger Substanz experimentieren.
Obwohl der Mensch das gerne möchte, kann er auch heute nicht die Naturgesetze an seine Wünsche anpassen, sondern es ist immer noch umgekehrt: Er muss sich an die Naturgesetze anpassen, um im Einklang mit der Natur gesund und möglichst lange in dieser Welt leben zu können; denn nicht der Mensch hat *sich*, sondern die Natur hat *ihn* aufgebaut. Daher unterliegt auch der moderne Mensch im dritten Jahrtausend den seit Millionen Jahren geltenden Naturgesetzen von Körper, Seele und Geist und er erleidet Schaden, wenn er sich von den Naturgesetzen entfernt.

Der Mensch als »Individuum« – die »unteilbare Zweiheit«

Der Mensch ist stolz auf seine »Individualität«, was eigentlich wörtlich übersetzt (lateinisch: in = nicht, dividere = teilen, Dualität = Zweiheit) »unteilbare Zweiheit« heißt. Interessanterweise könnte man das wiederum auf zweierlei Weise deuten: Einmal esoterisch im Sinne von unteilbarer Zweiheit aus Körper und Geist und zum anderen biologisch, nämlich als unteilbare Zweiheit aus zwei Zellbereichen, die auf die früheste Evolution des Lebens zurückgehen.
Die moderne Evolutionstheorie nimmt nämlich an, dass sich in der »Ursuppe« des »Urmeeres« drei Bakterienarten entwickelt haben, die sich in der Art ihres Energiestoffwechsels unterschieden: zuerst Bakterien, die ohne Sauerstoff (anaerob) lebten (zu Beginn gab es ja noch keinen), dann solche, die mit Hilfe der Sonnenergie Sauerstoff erzeugten (die Vorläufer der heutigen Pflanzen), und dann schließlich Bakterien, die Energie aus dem Sauerstoff (aerob) gewinnen konnten, was die effektivste Art der Energiegewinnung war.
Die Zellen höherer Lebewesen entstanden schließlich aus der Verschmelzung

Die Entwicklung vom Urmenschen (z.B. Homo australopithecus) bis zum heutigen Menschen (Homosapiens) dauerte einige Millionen Jahre.

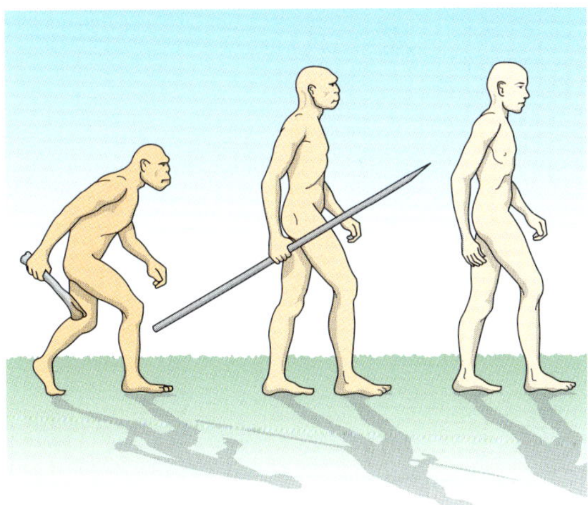

zweier Bakterienarten – der anaeroben und der aeroben – und konnten so überleben und sich weiter entwickeln. Das ist auch der Grund dafür, dass wir in unseren Körperzellen, von denen wir 60 bis 80 Billionen besitzen, eigentlich *zwei* Genome haben: eines im anaeroben Bestandteil unserer Zellen, dem Zellkern, und ein kleineres Rest-Genom im aeroben Bestandteil, den Mitochondrien, den so genannten »Kraftwerken« der Zellen. Diese Zusammenhänge wären recht interessant, mehr aber nicht, wenn sie nicht auch heute noch – oder gerade heute – äußerst wichtige Konsequenzen für Lebensstil und Ernährung hätten, weil man erst heute in der modernen Wissenschaft erkannt hat, dass sie entscheidende Faktoren für Gesundheit und Langlebigkeit des Menschen darstellen.

Getreide: Urnahrung des Menschen

Die Rede ist von den »Sauerstoffradikalen« (siehe S. 90 ff.), die bei der Energiegewinnung mit Sauerstoff zu zwei bis drei Prozent als Nebenprodukte in den Mitochondrien entstehen.

Die zwei Gesichter des Sauerstoffs

Das Problem besteht nun darin, dass bei dieser effektivsten Art der Energiegewinnung mit Sauerstoff Nebenprodukte entstehen, auf die die übrigen ursprünglich ohne Sauerstoff (anaerob) funktionierenden Zellbestandteile nicht vorbereitet waren, weil sie aus Bakterien stammen, die gewohnt waren, ohne Sauerstoff (anaerob) zu leben. Das heißt: Die Zellen mussten, nachdem sie sich die mit Sauerstoff (aerob) lebenden Bakterien einverleibt hatten, nachträglich Schutzsysteme entwickeln, um einerseits die effektive Energiegewinnung aus Sauerstoff nutzen zu können und andererseits nicht durch deren Nebenprodukte, die Sauerstoffradikale, geschädigt zu werden.
Obwohl diese Zusammenhänge seit

Milliarden von Jahren bestehen, haben wir sie erst in den letzten Jahren einigermaßen »durchschaut«, und seitdem wird man mit immer »neuen« Erkenntnissen über »freie Radikale« konfrontiert. Aber nur wenn man die Zusammenhänge kennt, kann man die richtigen Schlüsse ziehen: Man muss so leben, dass man die antioxidativen Schutzsysteme durch die richtige Lebensweise (moderates Ausdauertraining) »hochreguliert« (darüber liest und hört man wenig, siehe S. 93), und erst dann die für die richtige Funktion dieser »hochregulierten« Schutzsysteme notwendigen Spurenelemente (vor allem Selen und Zink) durch die Ernährung zuführt.

Urnahrung, Verdauungssystem und Stoffwechsel

Dieses Beispiel aus der Evolution sollte dazu dienen, zu zeigen, wie wichtig es ist, sich mit der Entwicklung der Lebensformen zu befassen, um die Naturgesetze zu erkennen, denen wir auch heute noch unterliegen – trotz aller Fortschritte der Wissenschaften. So wurde bereits im Alten Testament im Buch Daniel Pflanzenkost empfohlen, aber erst heute wissen wir warum: wegen der großen Bedeutung der sekundären Pflanzenstoffe (siehe S. 78 ff.). Bei der heutigen Empfehlung zitieren wir aber nicht das Buch Daniel, sondern formulieren die Empfehlung neu in einem Slogan: »Five

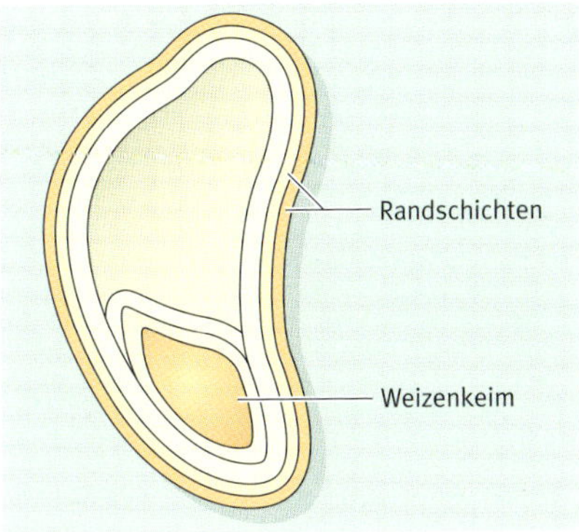

Getreidekorn mit Randschichten und Keim

a day« – fünf Portionen Obst und Gemüse am Tag. Die Begründung können wir uns selbständig und logisch aus den vorhergehenden Zusammenhängen ableiten. Gerade Pflanzen, die direkt aus dem Sonnenlicht Energie gewinnen und dabei Sauerstoff produzieren, müssen sich besonders schützen: durch Produktion einer ganzen Palette von Schutzstoffen gegen freie Radikale.
Der Mensch ist immer gierig nach Neuem (daher das Wort neu-gierig). Deswegen zieht auch ein Slogan wie »five a day« mehr als Pflanzenkost aus dem Alten Testament. Doch am besten ist wohl die Kombination: Neue Erkenntnisse über Zusammenhänge mit ihrer Entstehungsgechichte (Evolution) zu vereinen. Häufig wird auch die Frage nach der »Urnahrung« oder »Steinzeitnahrung« des Menschen gestellt. Diese Frage ist intelligent; denn es war schließlich das bisherige Nahrungsangebot, welches das Verdauungssystem und den Stoffwechsel des Menschen über Hunderttausen-

Der »Steinzeitmensch« musste sich der Natur anpassen, um zu überleben.

de von Jahren aufgebaut hat. Es hat sich ein Gleichgewicht eingestellt, das man nicht in wenigen Jahrzehnten völlig über den Haufen werfen kann, ohne an »Gleichgewichtsstörungen« zu leiden – denn es ist das Gleichgewicht, auf das es ankommt.

Die Zivilisation

Rechts: Diese sechs krank machenden Faktoren sind die Hauptursachen aller Zivilisationskrankheiten.

Die Zivilisation soll das Leben »menschenwürdiger« gestalten. Aber durch diese »Gestaltung« wird auch das bisherige Gleichgewicht mit der Umwelt gestört – in Lebensweise und Ernährung. Wenn man sich schon nach dem Steinzeitmenschen sehnt, sollte man das nicht nur in Bezug auf seine Ernährung, sondern auch auf seine Lebensweise tun. Er musste schließlich seiner Nahrung »nachlaufen« und auch Phasen fehlender Nahrung ertragen, während wir zum Supermarkt fahren, immer genug Nahrung haben und sogar essen, wenn wir keinen Hunger haben.

Zivilisationskost

Bewegung reguliert den Appetit. Marathonläufer ernähren sich anders als Kraftsportler. Schon die Soldaten Cäsars hatten eine Getreidemühle, um sich durch die richtige Nahrung für lange Märsche zu wappnen. Umgekehrt lässt Bewegungsmangel den Appetit entgleisen. Wenn nicht die Bewegung, sondern der Gaumen Mittelpunkt des Lebens wird, ersinnt man immer neue »Gaumenfreuden« und wird abhängig von ihnen. So hat sich die »Zivilisationskost« entwickelt: süß, fettreich, einseitig. Wenn das volle Getreidekorn mit Keim

Die wichtigsten krank machenden Faktoren der Zivilisation

- Bewegungsarmut
- Falsche Lebensweise
- Überernährung
- Fehlernährung
- Hoher Genussmittelverbrauch
- Medikamentenmissbrauch

und Randschichten und allen darin enthaltenen Nährstoffen als Grundbeispiel der »Urnahrung« unser Verdauungssystem aufgebaut und unsere Stoffwechselwege gebahnt hat, dann werden durch die überwiegende Zufuhr »leerer Kalorienträger« (siehe Tab. S. 33) Mangelzustände erzeugt, die trotz Überernährung an Kalorien zu Fehlernährung führt.

Zivilisationskrankheiten

Die sechs wichtigsten und häufigsten krank machenden Faktoren (siehe Tab. S. 16) führen nicht nur zu Gesundheitsstörungen und Leistungsabfall, sondern

Hypokinetosen
Durch Bewegungsmangel geförderte Gesundheitsstörungen und Erkrankungen
Leistungsschwäche von Herz, Kreislauf, Atmung und Stoffwechsel
Herzinfarkt
Periphere arterielle Durchblutungsstörungen
Thrombosen
Bluthochdruck
Osteoporose
Übergewicht
Metabolisches Syndrom: Insulinresistenz, Übergewicht, Diabetes mellitus Typ 2, Fettstoffwechselstörungen, Bluthochdruck

Die häufigsten Zivilisationskrankheiten
Übergewicht
Diabetes mellitus
Bluthochdruck
Arteriosklerose (Schlaganfall, Herzinfarkt, Durchblutungsstörungen)
Bestimmte Krebserkrankungen (Lunge, Dickdarm u. a.)

Die häufigsten Zivilisationskrankheiten sind das Hauptproblem der Menschheit in der Zivilisation und des gesamten »Gesundheitssystems«.

fördern und begünstigen auch die häufigsten so genannten Zivilisationskrankheiten (siehe Tab. oben). Allein der Bewegungsmangel fördert eine ganze Reihe von Krankheiten (Hypokinetosen, siehe Tab. links).

Links: Bewegungsarmut ist der Hauptgrund für einen falschen Lebensstil und das Fehlverhalten des Menschen in der Zivilisation – und für die sich daraus ergebenden Krankheiten (Hypokinetosen).

Übergewicht und ein gestörter Fettstoffwechsel verursachen eine ganze Reihe weiterer Krankheiten.

Lebensstil, Lebensqualität und Gesundheit

Der große indische Staatsmann und Yogi Mahatma Gandhi hat einmal gesagt: »Wenn du deinen Gaumen nicht beherrschen kannst, wie willst du dein Leben beherrschen?«. Doch von Beherrschung will der moderne Mensch heute nicht so viel wissen. Wir leben ja schließlich in einer »Spaßgesellschaft« – mit so viel Abhängigen und Essgestörten wie niemals zuvor. Das kommt daher, dass der Mensch den Begriff »Lebensqualität« mit der Illusion gleichsetzt, tun und lassen zu können, was er will. Dadurch erreicht er aber gerade das Gegenteil: Er wird durch die sich verselbständigenden Ernährungsgewohnheiten versklavt und unfrei.

Man sollte so leben, dass einem das schmeckt, was gesund ist.

Verdrängung

Außerdem hat er eine übertriebene Angst vor dem Begriff »Verdrängung». Manche Menschen glauben, sie würden einen seelischen Schaden erleiden, wenn sie dem Wunsch nach bestimmten Genüssen nicht unverzüglich Folge leisten.

Dem ist aber nicht so, denn so empfindlich ist der Mensch nicht. Ein Mensch, dem man verbietet, an einen grünen Elefanten zu denken, kann fortan an nichts anderes mehr denken als gerade an diesen. Das heißt: Der Mensch kann gar nicht »nicht an etwas denken«. Aber wenn man an einen weißen Elefanten denkt, ist der grüne weg.

An das denken, was Wirklichkeit werden soll

Man sollte also an das denken, was Wirklichkeit werden soll, und nicht an das, was nicht sein soll. Wenn man ein Plakat liest: »Heute keinen Alkohol«, denkt man vielleicht erst recht: »Ein Gläschen Wein wäre gar nicht so schlecht.« Das Plakat sollte besser heißen: »Heute Fruchtsaft.« Dann denkt man an Fruchtsaft, und der Wunsch nach Alkohol ist weg. So ähnlich sollte man mit der Umstellung auf eine gesunde Ernährung verfahren.

Gesund leben – ohne Gebote und Verbote

Der Mensch kann auf Dauer nicht mit ständigen Geboten und Verboten leben. Dadurch wird ein innerer »Druck« aufgebaut, so dass er ein »Ventil« braucht, um den »Überdruck« auszugleichen. Es ist auch wissenschaftlich nicht eindeutig bewiesen, was gesünder ist: Ein an sich »gesundes« Müsli mit Widerwillen hinunterzuwürgen oder einen an sich »ungesunden« – Schweinebraten mit Appetit zu essen.
Dieser Satz mag alle Genießer erfreuen, aber es gibt zwischen diesen beiden Extremen noch eine Alternative: So zu leben, dass einem das Müsli schmeckt.

Die Lebensweise reguliert den Appetit

Genauso wie Bewegungsmangel alle Regulationssysteme »aus dem Ruder« laufen lässt, kann ein bestimmtes Maß an körperlicher Bewegung (siehe S. 108 ff.) wieder alles »in Ordnung« bringen. Genau wie jemand, der nach Rom fahren will, gerne italienisch lernt, wird jemand, der sich ein bestimmtes gesundheitliches Ziel setzt, fast wie von selbst alles tun, was dazu dient, dieses Ziel zu erreichen. Vor allem moderater Ausdauersport ist dazu geeignet, Lebensweise und Appetit automatisch so zu regulieren, wie es den üblichen gesundheitlichen Empfehlungen entspricht.

Lockere Disziplin wie beim Auto fahren

Am besten wäre es, den Lebenswagen so zu steuern, wie es die Naturgesetze von Körper, Seele und Geist vorgesehen haben, und trotzdem Freude an dieser Fahrt zu haben. Spaß an lockerer Disziplin gibt dem Menschen viel mehr innere Freiheit als Disziplinlosigkeit. Ohne eine gewisses Maß an Disziplin kann der Mensch nichts vollbringen. Das ist auch in der Ernährung so. Und wenn man an Lebensqualität denkt, sollte man nicht nur an die von heute, sondern auch an die von morgen denken; denn die ist es, auf die es ankommt!

Regelmäßige »moderate« Ausdauerbewegung, wie auch schon ein Spaziergang, zusammen mit einer einfachen, gesunden Ernährung, stabilisieren die Gesundheit, den Stoffwechsel und das Immunsystem.

Die Grundbausteine und Aufgaben der Ernährung

In der Nachkriegszeit verfolgte man bei der Ernährung im Wesentlichen nur ein einziges Ziel: Energie und Kalorien aufzunehmen, um zu überleben. Manche hielten dieses Grundprinzip auch nach dem Krieg bei, wurden übergewichtig und krank. Alles außer Kalorien war »Ballast«, wie man heute noch an dem Wort »Ballaststoffe« erkennt.

Später kehrte sich die Bewertung der Nahrungsbestandteile um: Man zählte wieder die Kalorien, aber jetzt zu dem Zweck, möglichst wenig davon aufzunehmen, um die Neigung zum Übergewicht in den Griff zu bekommen. Durch die Verlagerung der Betrachtungsweise erkannte man zunehmend auch die Bedeutung der Begleitstoffe in der Nahrung: zunächst die der Vitamine, dann die der Mineralstoffe und Spurenelemente und schließlich auch die der »Ballaststoffe« – und in jüngster Zeit die der so genannten sekundären Pflanzenstoffe.

Ein weiterer Faktor bei der Gewinnung neuer Erkenntnisse in der Ernährung war die Entwicklung des Hochleistungssportes, eines gigantischen freiwilligen Experimentierfeldes, in dem Menschen freiwillig experimentierten, wie man zur Höchstleistung gelangen und die physiologischen Grenzen des Menschen erreichen oder gar überschreiten kann.

Die Ernährungspyramide der Deutschen Gesellschaft für Ernährung (DGE): 1 Getreide, Getreideprodukte 2 Gemüse, Obst 3 Milch, Milchprodukte, Fleisch, Geflügel, Eier, Fisch 4 Fette und Öle

Wenn man alle diese Erfahrungen berücksichtigt, könnte man heute die Wertigkeit und Bedeutung der Nahrungsstoffe für den »normalen« Menschen der Zivilisation und für den Breiten- und Gesundheitssportler etwa in folgender Reihenfolge auflisten:

- Aufbau und Erhaltung von Zellen und Geweben
- Stoffwechselregulation durch Aufbau von Enzymen und Hormonen
- Unterstützung der antioxidativen Schutzsysteme
- Stärkung des Immunsystems
- Energielieferung

Für den Leistungs- und Hochleistungssportler stellt vielleicht der große Energiebedarf den limitierenden Faktor dar, nicht aber für den Breiten- und Gesundheitssportler, dessen Hauptproblem meist die Gewichtsabnahme ist.

Die Bedeutung der richtigen Ernährung im Gesundheits- und Breitensport

Man könnte der Ansicht sein, dass man im Breiten- und Gesundheitssport keine besonderen Richtlinien für die Ernährung braucht, weil wegen der definitionsgemäß geringen Belastungsintensität eine »normale« und »gesunde« Ernährung ausreichen müsste. Aber auch wenn es im Breiten- und Gesundheitssport besonders auf die gesundheitsfördernde Wirkung der Bewegung ankommt, ist doch immer – wenn auch unterbewusst – ein gewisses Leistungsstreben und der Wunsch nach einer sportgerechten Lebensweise damit verbunden.

Sicher schielt so mancher auch nach den »Ernährungsgeheimnissen« von Hochleistungssportlern, vergisst dabei aber, dass sein wichtigstes Problem in einer ganz anderen Richtung liegt: nämlich im Übergewicht. Deswegen ist diesem Problem auch ein eigenes Kapitel gewidmet (siehe S. 104 ff.).

Auch wenn die Belastungen im Breiten- und Gesundheitssport eher »moderat« sind, stellen sich doch durchaus erwünschte Stoffwechselanpassungen auch im Energiestoffwechsel ein, die man kennen sollte, auch weil sie Einfluss auf die den jeweiligen Anforderungen angepasste Ernährung haben. Außerdem sollte man, wenn man schon

Einflussfaktoren auf die Ernährung

Klima	Kultur
Medizin	Gesellschaft
Wissenschaft	Tradition
Schule	Medien
Einkommen	Zeitungen
Landwirtschaft	Illustrierte
Religion	Geografie
Familie	u. a.

Die Einflussfaktoren auf die Ernährung des Menschen sind vielfältig.

das »Joch« einer regelmäßigen körperlichen Aktivität auf sich nimmt, leistungshemmende Faktoren aus der Ernährung eliminieren.
Man könnte meinen, dass es bei den für fast alle Menschen ähnlich zur Verfügung stehenden Lebensmittelgruppen (siehe »Ernährungspyramide«, S. 20) eigentlich relativ einfach sein müsste, die Ernährung in Quantität und Qualität einigermaßen richtig zu gestalten. Aber es gibt doch viele Einflussfaktoren auf die tägliche Ernährung (siehe Tab. S. 21), so dass es bestimmter Richtlinien bedarf, um sich der »richtigen« sportgerechten Ernährung zu nähern, ohne dem gesundheitsbewussten Menschen den Appetit zu verderben. Wenn man bedenkt, dass jeder Mensch, auch im Breiten- und Gesundheitssport, jährlich etwa das Zwölffache seines Körpergewichts an Nahrung zu sich nimmt, kann man sich vorstellen, dass bei einer ständig falschen Zusammensetzung dieser Nahrungsmenge sogar der stärkste Organismus irgendwann einmal nachgibt, an Vitalität und Leistungskraft verliert und schließlich krank wird – trotz Breiten- und Gesundheitssport.
Obwohl die »Zehn Regeln für eine gesunde, vollwertige Ernährung« der Deutschen Gesellschaft für Ernährung (DGE) wichtige Hinweise geben (siehe Tab. unten), um das zu verhindern, wollen wir uns doch im Folgenden mit den wichtigsten Punkten der Sporternährung – vor allem bezogen auf den Gesundheits- und Breitensport – beschäftigen. Wir wollen zunächst analytisch vorgehen, um dann aus dem Gelernten wieder eine Synthese für die Ernährungspraxis herbeizuführen.

Die zehn Regeln für eine gesunde, vollwertige Ernährung (nach DGE)	
1. Vielseitig, aber nicht zu viel essen	6. Reichlich Gemüse, Kartoffeln und Obst
2. Weniger Fett und fettreiche Nahrungsmittel	7. Weniger tierisches, mehr pflanzliches Eiweiß
3. Würzig, aber nicht salzig	8. Trinken mit Verstand
4. Wenig Süßes	9. Öfter kleine Mahlzeiten
5. Mehr Vollkornprodukte	10. Schmackhaft und schonend zubereiten

Die Ernährungs-bilanzen

Es gibt kein Nahrungsmittel, das alle erforderlichen Nährstoffe enthält – noch dazu im richtigen Mengenverhältnis. Und es gibt auch keine Mahlzeit, die alle Nährstoffe liefert. Indem wir von Mahlzeit zu Mahlzeit leben, bewegen wir uns gewissermaßen von einem Mangel zum anderen.
Das geht auch ganz gut so, wenn die Ernährung langfristig durch eine vielseitige Mischkost ausgeglichen gestaltet wird. Um das zu erleichtern, empfiehlt es sich, sich zunächst systematisch einige Gedanken über die nachstehend aufgeführten Ernährungsbilanzen zu machen:

- Energiebilanz
- Bilanz der Makronährstoffe
  - Kohlenhydrate, Fette, Eiweiß
- Bilanz der Mikronährstoffe
  - Vitamine
  - sekundäre Pflanzenstoffe
  - Mineralstoffe
  - Spurenelemente
- Bilanz der Flüssigkeit

Energiebilanz

Unter Energie versteht man die Fähigkeit, Arbeit zu leisten oder Wärme zu bilden. Beides findet im menschlichen Körper statt. Dabei gilt auch wie in der Physik das Gesetz der Erhaltung der Energie:

Mögliche Arbeitsleistung = Energiegewinnung aus Nahrung und Vorrat.

Oft vergisst man jedoch, dass der Mensch über ganz erhebliche Energiereserven verfügt (siehe Tab. S. 29) und denkt meist nur an die Energiezufuhr durch die Nahrung. Die Nahrung dient dazu, die verbrauchten Energievorräte wieder aufzufüllen und auch direkt Energie zu liefern. Auf diese Weise wird die Energiebilanz schließlich ausgeglichen.

Maßeinheit der Nahrungsenergie

Der Energieverbrauch des Menschen und der Energiegehalt der Nahrung wird in (Kilo-)Kalorien (kcal) ausgedrückt. Dabei versteht man unter einer (Kilo-)Kalorie die Wärmemenge (lat.: calor = Wärme), die notwendig ist, um einen Liter Wasser von 14,5 auf 15,5 Grad Celsius zu erwärmen. Von einer Expertenkommission wurde ab dem 1.1.1978 die Einheit Joule (kJ = Kilojoule) eingeführt, die nicht die durch die Nahrungsenergie freigesetzte Wärme, sondern die tatsächlich enthaltene Energie zum Ausdruck bringt. Dabei entspricht:

1 kcal = 4,1855 kJ oder rund 4,2 kJ
1 kJ = 0,239 kcal oder rund 0,24 kJ

Da sich nach wie vor die Einheit Kalorie bewährt hat, werden wir uns im Wesent-

Der physiologische Brennwert der Hauptnährstoffe

Physiologischer Brennwert	
Kohlenhydrate	4,1 kcal (17,2 kJ)
Fette	9,3 kcal (38,9 kJ)
Eiweiß	4,1 kcal (17,2 kJ)

lichen auf diese Einheit beschränken. Die Makronährstoffe (Kohlenhydrate, Fett, Eiweiß) sind die Energieträger, die Mikronährstoffe fördern die Energiefreisetzung. Der physiologische Brennwert der Fette ist doppelt so hoch wie der von Kohlenhydraten und Eiweiß (siehe Tab. oben).

Der Energiebedarf

Während es sehr einfach ist, den Kaloriengehalt von Nahrungsmitteln zu berechnen, ist es sehr schwierig, den tatsächlichen Energiebedarf des Menschen zu ermitteln. Man kann sich eigentlich nur an Richtwerte und an die persönliche Erfahrung mit diesen Richtwerten halten. Außer individuellen Faktoren bestimmen im Wesentlichen folgende vier Faktoren den Energiebedarf:

- Grundumsatz
- Leistungsumsatz
- Nahrungsinduzierte Thermogenese (früher: spezifisch-dynamische Wirkung) der Nährstoffe
- Verdauungsverlust

Richtwerte für die tägliche Energiezufuhr in Abhängigkeit vom Lebensalter (nach DGE)

Täglicher Energiebedarf (kcal)

	männlich	weiblich
Kinder		
10–12 Jahre	2250	2150
13–14 Jahre	2500	2300
Jugendliche		
15–18 Jahre	3000	2400
Erwachsene		
19–24 Jahre	2600	2200
25–50 Jahre	2400	2000
51–-64 Jahre	2200	1800
über 64 Jahre	1900	1700

Grundumsatz

Unter Grundumsatz (GU) versteht man den Energiebedarf des ruhenden, nüchternen Menschen bei normaler Körpertemperatur und einer Temperatur von 27 bis 31 Grad in der unmittelbaren Körperumgebung. Etwa 60 Prozent des Grundumsatzes dienen der Wärmeproduktion, die restlichen 40 Prozent werden für die Aufrechterhaltung der vitalen Körperfunktionen benötigt wie die Herz-Kreislauf-Funktion, die Atmung sowie die Nieren- und Hirntätigkeit. Es gibt verschiedene Formeln, um den Grundumsatz mit statistischer Sicherheit individuell zu berechnen, aber für die Ernährungspraxis genügt immer noch die Faustformel:

Grundumsatz =
Körpergewicht (kg) x 24

Das heißt: Man braucht für den Grundumsatz pro Kilogramm Körpergewicht

etwa eine Kalorie pro Stunde. Bei Frauen wird der Wert wegen des dickeren Unterhautfettgewebes und der deswegen geringeren Wärmeabgabe um fünf bis zehn Prozent niedriger angesetzt.
Außerdem ist der Grundumsatz im Alter sowie bei Unterernährung und Fasten niedriger und nach körperlichen Belastungen höher.

Leistungsumsatz

Darunter versteht man den Energiebedarf, der für motorische Arbeit (Beruf, Freizeit, Sport) benötigt wird. Er hängt ab von der Intensität und Dauer der Belastungen sowie der dabei eingesetzten Muskelmasse.
Schon daran kann man erkennen, dass der Leistungsumsatz sehr großen Schwankungen unterliegt und oft nur näherungsweise angegeben werden kann. Bei leichter körperlicher Aktivität durch Arbeit (Büroalltag etc.) und Freizeitbeschäftigung beträgt der Leistungsumsatz etwa 30 bis 40 Prozent, der Ruhe-Nüchtern-Umsatz etwa 50 bis 60 Prozent des Tagesenergieumsatzes.
Manchmal wird der Leistungsumsatz auch als Vielfaches des Grundumsatzes (GU) angegeben:

Täglicher Energiebedarf

- bei leichter körperlicher Aktivität: 1,5-mal GU
- bei mittelschwerer körperlicher Aktivität: 2,2- bis 2,5-mal GU
- bei schwerer körperlicher Aktivität: bis 6-mal GU (selten)

Meistens wird der Energieverbrauch durch körperliche Aktivität (Sport) überschätzt. Dieser Energiemehrverbrauch

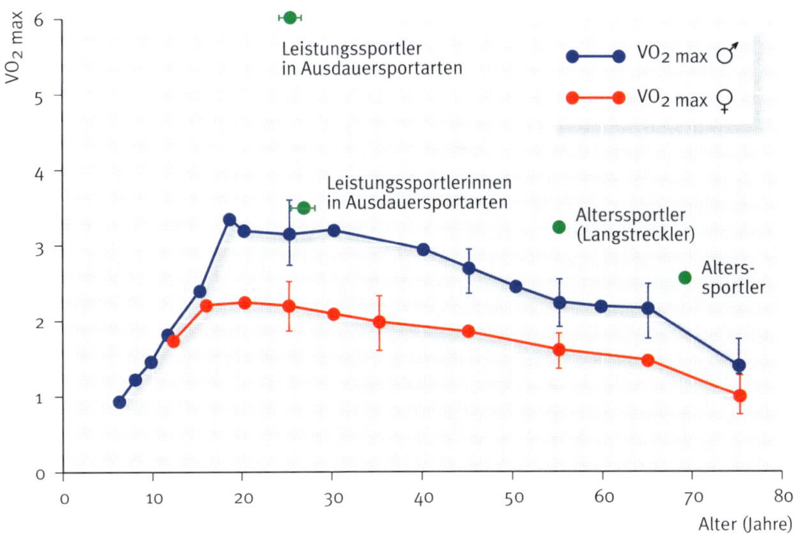

Die maximale Sauerstoffaufnahme ($VO_{2\,max}$) bei Männern (♂) und Frauen (♀) im Laufe des Lebens: Biologische Alterung und Ausdauertrainingseffekt – wichtige Grundlage zur Berechnung des Leistungsumsatzes (nach HOLLMANN)

Beispiel für die Berechnung des Energiebedarfes eines 70 Kilogramm schweren jungen Mannes mit leichter körperlicher Aktivität: Die größte Variable ist der Leistungsumsatz.

Energiebedarf (Mann 70 kg)	
Grundumsatz (GU)	1680 kcal
Leistungsumsatz	500 kcal
Thermogenetische Wirkung	180 kcal
Verdauungsverlust	180 kcal
Gesamt-Energiebedarf	**2540 kcal**

hängt auch vom Lebensalter (siehe Tab. S. 24 unten), der Intensität und Dauer der körperlichen Aktivität sowie ganz wesentlich vom Trainingszustand und der maximalen Sauerstoffaufnahmefähigkeit ab, die wiederum vom Ausdauertrainingszustand und vom Lebensalter abhängt (siehe Abb. S. 25 unten).
Prinzipiell kann man pro Liter aufgenommenen Sauerstoffes etwa 5 Kalorien verbrennen.
Wenn ein mittelgradig trainierter Breiten- und Gesundheitssportler seine maximale Sauerstoffaufnahmefähigkeit von 2 bis 3 Litern pro Minute zu zwei Dritteln nutzt, kann er mit 1,3 bis 2 Litern pro Minute etwa 6,5 bis 10 **Kalorien** pro Minute oder 400 bis 600 **Kalorien** pro Stunde verbrennen – mehr nicht.

Beispiel für die Berechnung des Energiebedarfes einer 65 Kilogramm schweren jungen Frau mit leichter körperlicher Aktivität

Energiebedarf (Frau 65 kg)	
Grundumsatz (GU –10 %)	1400 kcal
Leistungsumsatz	400 kcal
Thermogenetische Wirkung	150 kcal
Verdauungsverlust	150 kcal
Gesamt-Energiebedarf	**2100 kcal**

Zum Vergleich: Ein Radprofi mit einer maximalen Sauerstoffaufnahmefähigkeit von 6 Litern pro Minute, die er infolge seines Trainingszustands zu über 80 Prozent ausnutzen kann (also mit ca. 5 Litern Sauerstoff pro Minute) kann pro Minute 25 **Kalorien** oder 1500 **Kalorien** pro Stunde verbrennen, so dass er bei einem mehrstündigen Training durchaus auf einen Mehrverbrauch von über 6000 **Kalorien** pro Tag kommen kann.
Ein Breiten- und Gesundheitssportler dagegen, der täglich 30 Minuten locker durch den Wald joggt, verbrennt dabei 200 bis 300 **Kalorien** über den normalen Tagesbedarf hinaus, ein Betrag, den man fast vernachlässigen kann, zumal wenn man berücksichtigt, dass der Mensch der Zivilisation sowieso diesen Betrag zu viel an Kalorien zu sich nimmt. Für die Förderung der Gewichtsabnahme durch moderaten Breiten- und Gesundheitssport spielen jedoch ganz andere Mechanismen eine Rolle, die viel wichtiger und wirksamer sind als der reine Kalorienverbrauch (siehe S. 104 ff.).

Nahrungsinduzierte Thermogenese

Die nahrungsinduzierte Thermogenese (die durch die Nahrung verursachte Wärmebildung), die früher als spezifisch-dynamische Wirkung der Nährstoffe bezeichnet wurde, entspricht dem Energiebetrag, den der Organismus aufbringen muss, um die zugeführte Nahrung zu verarbeiten. Jede Nahrungsaufnahme führt zu einer Steigerung des Energieumsatzes, die durch die Abbau- und Umbauprozesse der Nährstoffe bedingt ist. Dieser Energiebetrag ist für die einzelnen Nährstoffe unterschiedlich. Am größten ist er bei den Eiweißstoffen, nämlich 18 bis 25 Prozent der Nahrungsenergie, eine Tatsache, die sich manche Diätformen zur Gewichtsabnahme (z. B. »Hollywood-Diät« u. a.) zunutze machen. Bei den Fetten beträgt die nahrungsinduzierte Thermogenese dagegen nur 2 bis 4 Prozent, bei den Kohlenhydraten 4 bis 7 Prozent. Bei der normalen Mischkost setzt man etwa 10 bis 15 Prozent des Grundumsatzes (ca. 150–200 kcal) als kalorischen Verlust an, der durch Aufnahme und Verarbeitung der durchschnittlich zusammengesetzten Nahrung entsteht.

Verdauungsverlust

Durch die Verdauungsarbeit gehen etwa 10 Prozent der Nahrungsenergie verloren, so dass sie nicht zur Energiebereitstellung genutzt werden können.

Die ausgeglichene Energiebilanz

Die Frage ist nun, wie man eine Bilanz, die von so vielen Faktoren bestimmt wird, ausgeglichen gestalten kann. Sicher gibt es dazu komplizierte wissenschaftliche Verfahren, aber im Alltag sind sie untauglich. Daher geht man im »normalen Leben« davon aus, dass die Energiebilanz dann ausgeglichen ist, wenn das Körpergewicht konstant bleibt, oder besser gesagt: wenn man sein »normales« Gewicht aufrechterhält. Aber auch das ist ein dehnbarer Begriff; denn auch wer das Gewicht seiner Jugend mit zunehmendem Alter beibehält, hat Fett angesetzt, weil er im Alter weniger Muskulatur besitzt, wenn er keinen Sport betreibt.

Das richtige Körpergewicht

Ob man Fett angesetzt hat, merkt man eigentlich bei einem einfachen Griff an die Bauchfalte oder bei einem seitlichen Blick auf seine Körpersilhouette im Spiegel. Der Mensch des technischen Zeitalters möchte jedoch Zahlen, um es genau zu wissen. Sein Normalgewicht oder den Grad seines Übergewichts kann man entweder durch die »alte«, aber einfache Broca-Formel oder durch den Body-Mass-Index errechnen, wobei vor allem bei sehr kleinen oder sehr großen Men-

Body-Mass-Index (BMI)

Einteilung	BMI (kg/m²)
Untergewicht	unter 18,5
Normalgewicht	18,5–24,9
Übergewicht	ab 25
- Präadipositas	25–29,9
- Adipositas Grad I	30–34,9
- Adipositas Grad II	35–39,9
- Adipositas Grad III	über 40

Einteilung von Übergewicht und Adipositas (Fettsucht) bei Erwachsenen nach dem Body-Mass-Index (BMI) (nach WHO 1998)

schen der Body-Mass-Index aussagekräftiger ist. Denn bei diesen Personen ergibt sich durch die Broca-Formel oft ein zu geringes oder zu hohes Normalgewicht.

Die Broca-Formel

Nach der Broca-Formel erhält man das Normalgewicht, wenn man von der Körpergröße in Zentimeter die Zahl 100 abzieht:

Normalgewicht (kg) =
Körpergröße (cm) minus 100

Das Idealgewicht nach Broca, das lange Zeit als besonders gesundheitsfördernd galt, erhalten Frauen, wenn sie von ihrem Normalgewicht 15 Prozent, und Männer, wenn sie 10 Prozent von ihrem Normalgewicht abziehen. Allerdings lassen heute Untersuchungen vermuten, dass Menschen mit Normalgewicht gesundheitlich stabiler sind. Übergewichtig sind nach der Broca-Formel alle, deren Körpergewicht 10 Prozent über dem Normalgewicht liegt.

Taillenumfang mit erhöhtem Risiko

Geschlecht	erhöhtes Risiko	stark erhöhtes Risiko
Männer	über 94 cm	über 102 cm
Frauen	über 80 cm	über 88 cm

Taillenumfang (cm) mit erhöhtem oder stark erhöhtem Risiko für Stoffwechselstörungen (nach LEAN 1995)

Der Body-Mass-Index (BMI)

Der Body-Mass-Index oder Körpermassenindex wird wie folgt berechnet:

$$\textbf{BMI} = \frac{\textbf{Körpergewicht (kg)}}{\textbf{(Körpergröße in Meter)}^2}$$

Am einfachsten berechnet man seinen Body-Mass-Index, indem man zunächst seine Körpergröße in Metern (z. B. 1,80 m) mit sich selbst multipliziert (z. B. 1,8 m x 1,8 m = 3,24 m²) und dann sein Körpergewicht in Kilogramm durch diese Zahl teilt (z. B. 80 kg : 3,24 m² = 24,7 kg/m²).

Bedeutung der Fettverteilung

Das Fett verteilt sich bei manchen Menschen besonders um den Bauch (Apfeltyp oder männlicher Fettverteilungstyp), bei anderen vor allem um Hüften und Oberschenkel (Birnentyp oder weiblicher Fettverteilungstyp). Übergewichtige vom »Apfeltyp« erkranken eher an Herzkrankheiten, Bluthochdruck oder Fettstoffwechselstörungen. Bei Übergewichtigen vom »Birnentyp« konnte kein erhöhtes Risiko festgestellt werden. Nach neueren Untersuchungen ist der Taillenumfang allein ein noch besseres Maß für die gesundheitliche Gefährdung: Ein Taillenumfang von mehr als 94 Zentimeter beim Mann und mehr als 80 Zentimeter bei der Frau signalisiert bereits ein erhöhtes gesundheitliches Risiko (siehe Tab.).

Nährstoffe und Belastungsstoffwechsel

Die Nahrung besteht aus zahlreichen Einzelstoffen, die man in Gruppen zusammenfasst.

➤ Makronährstoffe:
Kohlenhydrate, Fette, Eiweiße, auch als Hauptnährstoffe bezeichnet, weil sie in größeren Mengen benötigt werden und *die* Energieträger des Organismus sind.

➤ Mikronährstoffe:
Vitamine, Mineralstoffe, Spurenelemente, die zwar in geringen Mengen benötigt werden und selbst keine Energie liefern, aber für den geregelten Ablauf der Energiefreisetzung aus den Hauptnährstoffen notwendig sind.

Die drei Hauptnährstoffe können sich in der Energieproduktion zwar gegenseitig bis zu einem gewissen Grad ersetzen, jedoch sind funktionell die Kohlenhydrate und Fette die Hauptenergieträger, während die Eiweiße mehr dem Baustoffwechsel dienen. Welche Substrate der Organismus für die Energieproduktion im Belastungsstoffwechsel verwendet, hängt von der Art, der Intensität und dem Umfang der Belastung sowie vom Trainings- und Ernährungszustand ab. Aufgabe der Sporternährung ist es,

➤ die durch den Sport verbrauchten Substrate und Energiereserven (siehe Tab. S. 29 unten) möglichst schnell wieder aufzufüllen und

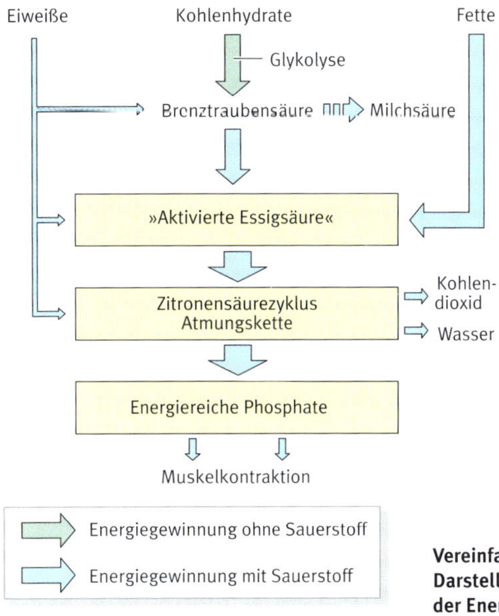

Vereinfachte Darstellung der Energieproduktion aus den Hauptnährstoffen (nach R. Donath und K.-P. Schüler)

Energiereserven

Ausdauertrainingszustand	**gering**	**mittel**	**hoch**
Energiereserve			
Energiereiche Phosphate (ATP, KP)	ca. 20 kcal	ca. 30 kcal	ca. 40 kcal
Kohlenhydrate (Glykogen)	ca. 1200 kcal	ca. 1800 kcal	ca. 2800 kcal
Fette	ca. 50 000 kcal	ca. 50 000 kcal	ca. 40 000 kcal

Die Energiereserven eines normalgewichtigen Menschen (70 kg) in Abhängigkeit vom Ausdauertrainingszustand

Kohlenhydrate	
Kohlenhydrat	**Vorkommen**
Monosaccharide (Einfachzucker)	
• Glukose (Traubenzucker)	Früchte, Honig; Spuren in den meisten Pflanzen
• Fruktose (Fruchtzucker)	Früchte, Honig; Spuren in den meisten Pflanzen
• Galaktose (Galaktose), wird bei der Verdauung freigesetzt	Bestandteil des Milchzuckers
Disaccharide (Zweifachzucker)	
• Saccharose (Rohrzucker)	Zuckerrüben, Zuckerrohr, Früchte, Ahornsirup
• Laktose (Milchzucker)	Milch, Milchprodukte
• Maltose	Keime; Abbauprodukt der Stärke; Malzbier
Polysaccharide (Mehrfachzucker)	
• Amylose	Stärke, Getreide, Kartoffeln
• Amylopektin (pflanzliche Stärke)	Stärke, Getreide, Kartoffeln, Dickungsmittel
• Glykogen (tierische Stärke)	Leber, Muskulatur
• Inulin	Wasserlöslicher Fruktose-Mehrfachzucker, z. B. in Artischocken

Kohlenhydrate: Struktur und Vorkommen

➤ durch eine gezielte Bevorratung eine günstige Ausgangsposition für die nächste Belastung (oder für den Wettkampf) zu schaffen.

Es genügt also nicht, den Organismus quantitativ mit ausreichend Kalorien zu versorgen, sondern die leistungsfördernde Ernährung muss auch qualitativ optimal zusammengesetzt sein, um den größten Nutzen bieten zu können.

Dabei gibt es keine prinzipiellen Unterschiede zwischen Breiten- und Gesundheitssport und Leistungs- und Hochleistungssport. Jedoch spürt der Leistungs- und Hochleistungssportler Ernährungsfehler viel unmittelbarer als der Breiten- und Gesundheitssportler – umgekehrt kommen aber diese unmittelbaren Erfahrungen rückwirkend wieder dem Breiten- und Gesundheitssportler zugute.

Wenn man die Energiereserven eines Menschen betrachtet (siehe Tab. S. 29 unten), fällt zwar auf, dass in Abhängigkeit vom (Ausdauer-) Trainingszustand die Kohlenhydratreserven mehr als verdoppelt werden können; aber es fallen auch die fast unerschöpflich großen Fettenergiereserven auf. Es gilt nur, zu lernen, sie zu nutzen, was für den Breiten- und Gesundheitssportler mindestens genauso wichtig ist wie für den Leistungs- und Hochleistungssportler. Daher soll dieser wichtige und noch lange nicht vollständig verstandene Zusammenhang zwischen Kohlenhydrat- und Fettstoffwechsel ein wesentlicher Punkt der folgenden Ausführungen sein.

Kohlenhydrate

Allgemeine Bedeutung

Kohlenhydrate sind Hydrate des Kohlenstoffs, etwa nach der Grundformel:

$Cm(H_2O)n$

Ein wichtiger Einfachzucker ist zum Beispiel der Traubenzucker (Glukose):

$C_6H_{12}O_6$

Kohlenhydrate werden von grünen Pflanzen aus Kohlendioxid und Wasser unter Ausnutzung der Sonnenenergie aufgebaut. Ein Quadratmeter Blattfläche kann pro Stunde etwa ein Gramm Zucker produzieren. So werden auf der Erde pro Jahr etwa 200 Milliarden Tonnen Kohlenhydrate erzeugt, die mehr Energie enthalten als die jährliche Produktion von Holz, Kohle und Erdöl zusammen! Bemerkenswert bei den Kohlenhydraten ist, dass in ihrer Strukturformel Sauerstoff (O) enthalten ist, der bei der Oxidation im Stoffwechsel zur Verfügung steht, so dass weniger Sauerstoff von außen durch die Atmung zugeführt werden muss als bei der Verbrennung von Fetten oder Eiweiß (siehe Tab. S. 37 unten). Darin liegt der Hauptvorteil der Kohlenhydrate als Energiespender bei hochintensiven Belastungen an der Grenze der maximalen Sauerstoffaufnahmefähigkeit. Außerdem ist ihre Energieflussrate, also die Geschwindigkeit, mit der die Energie aus ihnen freigesetzt werden kann, größer als bei Fetten und Eiweiß.

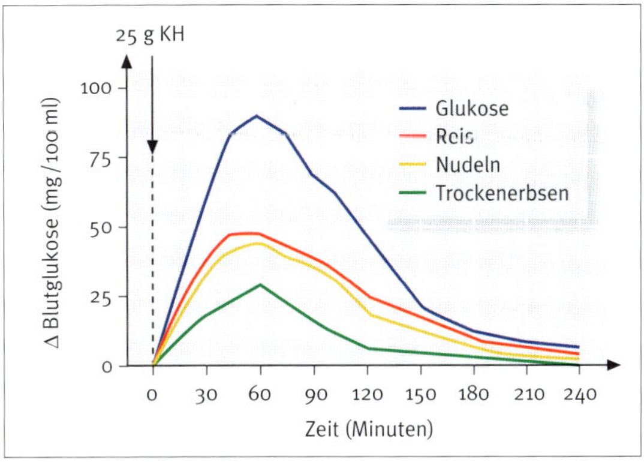

Die Grundbausteine

Kohlenhydrate (KH) mit hohem Glykämischen Index (GI) führen zu einem höheren Blutzuckeranstieg (oben) und einem höheren Insulinbedarf (unten).

Einfachzucker (Monosaccharide)

Die Grundbausteine der Kohlenhydrate (siehe Tab. S. 30) sind die Einfachzucker (Monosaccharide), deren wichtigste Vertreter der Traubenzucker (Glukose), der Fruchtzucker (Fruktose) und die Galaktose (Bestandteil des Milchzuckers) sind.

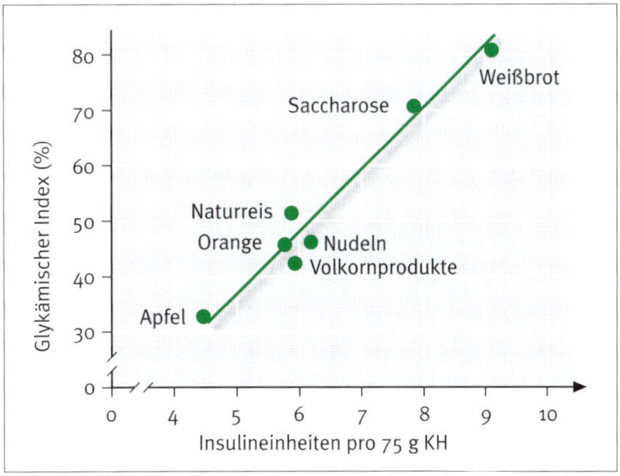

Der Zuckerindex oder Glykämische Index (GI) am Beispiel verschiedener Kohlenhydrate gibt an, wie schnell sie »ins Blut gehen«. Das heißt aber auch, wie stark sie den Blutzucker erhöhen und damit auch, wie stark sie die Insulinproduktion stimulieren. Kohlenhydrate mit einem GI über 70 »schießen« ins Blut, solche mit einem GI von 50 bis 80 »fließen« ins Blut – und solche mit einem niedrigen GI von 30 bis 50 »sickern« ins Blut.

Der Glykämische Index (GI)

Kohlenhydratspender	GI
Bier	110
Traubenzucker (Glukose)	100
Weißbrot	95
Sportgetränk mit Zucker	78
Kartoffeln, gekocht	85
Karotten, gekocht	85
Roggenbrot	76
Weißer Reis	72
Zucker (Saccharose)	70
Schokolade	70
Coca-Cola, Limonaden	70
Pasta, weich gekocht	55
Parboiled Reis	48
Trauben	45
Apfelsaft	40
Haferflocken, Müsli	40
Pasta »al dente»	40
Vollkornteigwaren	40
Äpfel	38
Wildreis	35
Feigen	35
Karotten, roh	30
Milchprodukte	30
Apfelsaftschorle	20
Bitterschokolade	22
Gemüse	unter 15

Zweifachzucker (Disaccharide)

Durch die Verbindung von zwei Einfachzuckern entsteht ein Zweifachzucker (Disaccharid), wie zum Beispiel der Rohr- oder Rübenzucker, unser normaler Haushaltszucker (Saccharose), der Malzzucker (Maltose) und der Milchzucker (Laktose).

Komplexe Zucker

Die Verbindung von 3 bis 10 Einfachzuckern bezeichnet man als Oligosaccharide (z. B. die Maltodextrine) und die aus mehr als 10 bis zu mehreren 100 000 Einfachzuckern bestehenden Verbindungen als Mehrfachzucker oder Polysaccharide, wozu vor allem die pflanzliche (Amylopektin) und tierische Stärke (Glykogen) gehören.

Der Glykämische Index (GI)

Die Größe der Zuckermoleküle ist entscheidend dafür, wie schnell die Zucker »ins Blut gehen«, wie hoch der Blutzucker ansteigt und wie viel Insulin von der Bauchspeicheldrüse ausgeschüttet werden muss, um den Blutzuckerspiegel konstant zu halten.

Der Zuckerindex oder Glykämische Index (GI) gibt an, wie schnell die Kohlenhydrate »ins Blut gehen«, wie stark sie den Blutzucker erhöhen und wie stark sie die Insulinproduktion ankurbeln: Kohlenhydrate mit einem GI über 70 »schießen« ins Blut, solche mit einem GI von 50 bis 80 »fließen« ins Blut und solche mit einem niedrigen GI von 30 bis 50 »sickern« ins Blut.

Insulin – ein »Masthormon«

Aus verschiedenen Gründen ist es sehr wichtig, dass man diesen Mechanismus versteht, denn ein ständig erhöhter Insulinspiegel

- führt auf Dauer zu einer Erschöpfung der Bauchspeicheldrüse und damit zur Zuckerkrankheit (Diabetes mellitus),
- schleust nicht nur Zucker in die Muskelzellen hinein (was erwünscht ist), sondern auch Fett in die Fettzellen (was zu Fettansatz und Übergewicht führt, siehe S. 105 ff.).

Daher sollte der bewegungsarme Mensch der Zivilisation und auch der Breiten- und Gesundheitssportler Kohlenhydrate mit niedrigem Glykämischen Index (möglichst unter 50 bis 60) bevorzugen. Der Leistungs- und Hochleistungssportler, der während des Wettkampfes »schnelle« Energie benötigt, wird teilweise Kohlenhydrate mit hohem Zuckerindex einsetzen – aber auch nur vorübergehend (siehe Tab. S. 32).

Blutzucker und Glykogenspeicher

Die beiden wichtigsten Substanzen im Kohlenhydratstoffwechsel sind die Glukose und ihre Speicherform im Körper, das Glykogen, das in der Leber und in der Muskulatur gespeichert wird. Der Blutzuckerspiegel (80–110 mg %) wird durch komplizierte Regulationsmechanismen – wobei das Insulin die tragende Rolle spielt – und durch Abbau des Leberglykogens weitgehend konstant gehalten und dient so dem Körper als schnelle Energiequelle. Während das zentrale Nervensystem (Gehirn und Rückenmark), die roten Blutkörperchen (Erythrozyten) und das Nebennierenmark (Produktion der »Stresshormone« Adrenalin und Noradrenalin) bei der Energiegewinnung auf Glukose angewiesen sind, können alle anderen Organe und Gewebe auch Energie aus dem Fett- und Eiweißstoffwechsel gewinnen. Der tägliche Glukosebedarf von Gehirn und Rückenmark liegt etwa bei 100 bis 150 Gramm. Die Glykogenspeicher liegen normalerweise in einer Größenord-

Leere Kalorienträger meiden

Zucker sowie zuckerhaltige Speisen und Getränke
Pralinen, Schokolade, Bonbons, Nougat, Marmelade, Eis, Torte, Limonade, Coca-Cola u. a.

Weißmehlprodukte
Weißbrot, Brötchen (Semmeln), Toast, Kuchen, Kekse u. a.

Polierter Reis

Fette
Panierte Speisen (z. B. Schnitzel u. a.), Rohrnudeln, Pfannkuchen, fette Wurst, fetter Schinken, fetter Käse, fette Nüsse, Pommes frites, Kartoffelchips u. a.

Alkohol

Der erste Schritt zu einer gesunden Ernährung heißt: »Leere Kalorienträger« meiden, um Platz für vollwertige Nahrungsmittel zu schaffen. Das gilt besonders für die Kohlenhydrate.

Hochwertige kohlenhydratreiche Nahrungsmittel bevorzugen

Vollwertige Kohlenhydrate

Getreidevollkorn und Vollkornprodukte
Vollkornbrot, Vollkornkekse (v. a. Haferkekse), Vollkornteigwaren

Getreideflocken (v. a. Hafer-, Weizen-, Hirseflocken), Vollkornmüsli (ohne Zucker oder Schokolade)

Vollreis
Naturreis, Parboield-Reis, Wildreis

Kartoffeln

Obst, Obstsäfte, Trockenfrüchte

Zur Aufwertung minderwertiger Kohlenhydrate
Weizenkeime, Hefeflocken

Brot und Getreide gehören zu den wichtigsten Kohlenhydratspendern …

nung von 300 bis 400 Gramm. Etwa ein Drittel davon ist als Leberglykogen und zwei Drittel sind als Muskelglykogen gespeichert. Durch entsprechendes Training und kohlenhydratreiche Ernährung können die Muskelglykogenspeicher vergrößert werden (siehe S. 41).

Kohlenhydratreiche Ernährung – aber richtig

Etwa 50 bis 60 Prozent der zugeführten Kalorien sollten aus Kohlenhydraten stammen. Innerhalb der Kohlenhydrate stellt der Zucker eine große Versuchung in der Zivilisationskost dar. Einfachzucker und kurzkettiger Zucker »schießen« jedoch ins Blut und lösen den beschriebenen Insulinmechanismus mit der Gefahr der Auslösung einer Zuckerkrankheit und des Fettansatzes mit Übergewicht aus. Außerdem erzeugt man dadurch neben einer Überernährung auch eine Fehlernährung, da in den kurzkettigen, industriell verarbeiteten Koh-

lenhydratquellen nicht die Begleitstoffe (Vitamine und Spurenelemente) enthalten sind, die zu ihrer Verarbeitung notwendig sind. Man spricht daher auch von »leeren« Kalorienträgern.

Die so erzeugte Fehlernährung mit Mangel an wichtigen Mikronährstoffen führt zu einem instinktiven Hungergefühl nach den fehlenden Mikronährstoffen, so dass man weitere Nahrung zu sich nimmt, was zu einer Überernährung mit den bekannten Folgen führt. Um diesem Teufelskreis zu entkommen, muss man zwei wichtige Schritte tun, um zu einer gesunden, leistungsfördernden Ernährung zu gelangen:

➤ »Leere« Kalorienträger meiden (siehe Tab. S. 33)

➤ Vollwertige Kohlenhydratspender bevorzugen (siehe Tab. S. 34)

Ballaststoffe

Ballaststoffe (Pflanzenfasern, Rohfasern) sind Kohlenhydrate und einige andere organische Verbindungen, die

Wirkungen der Ballaststoffe

Ballaststoffe wirken vorbeugend gegen

- Verstopfung (Obstipation)
- Ausstülpungen des Dickdarms (Divertikulose)
- Polypen und Krebserkrankungen des Dickdarms
- Hämorrhoiden
- Cholesteringallensteine
- Stoffwechselerkrankungen wie Übergewicht, hohe Blutfette,
- Bluthochdruck, Zuckerkrankheit u. a.

Die so genannten Ballaststoffe haben sehr vielseitige vorbeugende Wirkungen gegen zahlreiche Zivilisationskrankheiten.

... aber auch Pasta und Nudeln sind nicht zu verachten.

Ballaststoffgehalt ausgewählter Nahrungsmittel, die im Durchschnitt in größeren Mengen verzehrt werden.

Ballaststoffreiche Nahrungsmittel

Ballaststoffgehalt (g/100g)	
Roggenknäckebrot	14,1
Roggen	13,4
Dinkel, Grünkern	9,9
Mandeln	9,8
Weizen	9,6
Haferflocken	9,5
Hafer	9,3
Weiße Bohnen	7,5
Haselnüsse	7,4
Weizenvollkornbrot	6,9
Grüne Erbsen	5,0
Walnüsse	4,6
Müsli	4,6
Vollkornnudeln gekocht	4,4
Rosenkohl	4,4
Naturreis	4,0
Buchweizen	3,7
Karotten	2,9
Linsen	2,8
Birnen	2,8
Äpfel	2,3
Trockenobst	
Feigen	9,6
Datteln	9,2
Pflaumen	9,0
Aprikosen	8,0

durch die Enzyme des menschlichen Verdauungssystems nicht verdaut werden können. Daher bezeichnete man diese Substanzen zunächst als »Ballast«, bis man ihre große Bedeutung erkannte. Sie wirken vorbeugend gegen eine ganze Reihe von Zivilisationskrankheiten (siehe Tab. S. 35). Sie fördern eine gesunde Verdauung und verkürzen die Darmpassagezeit, so dass krebserzeugende Stoffe keine Zeit haben, zu entstehen oder auf die Dickdarmwand einzuwirken. Auch kann nach Zufuhr von Fleisch und anderen Eiweißstoffen keine Fäulnis entstehen und damit auch keine Fäulnisgifte, die die Leber belasten würden.

Außerdem senken Ballaststoffe den Druck im Dickdarm und verhindern so die Entstehung von Wandausstülpungen (Divertikel). Schließlich senken Ballaststoffe den Cholesterinspiegel, weil sie die Gallensäureausscheidung mit dem Stuhl erhöhen. Ansonsten würden die Gallensäuren durch den Dickdarm wieder aufgenommen, der Leber erneut zugeführt und dort wieder zu Cholesterin aufgebaut werden.

Die wichtigsten Ballaststoffe sind Zellulose, Hemizellulose, Pektin und Lignin. Zur Förderung der Gesundheit und einer guten Darmtätigkeit sollten täglich etwa 30 Gramm Ballaststoffe mit der Nahrung aufgenommen werden. Dabei sollten mindestens die Hälfte aus Vollkornprodukten, der Rest aus frischem Obst und Gemüse stammen.

Wenn man Ballaststoffe überwiegend »künstlich«, isoliert und hoch dosiert zuführt, wie das häufig durch Kleie zur Stuhlregulierung geschieht, könnte man durch diese Art der Ballaststoffzufuhr die Aufnahme bestimmter Mikronährstoffe (vor allem von Kalzium, Magnesium und Zink) behindern. Daher ist es besser, Ballaststoffe durch eine ballaststoffreiche Ernährung aufzunehmen.
Für den Breiten- und Gesundheitssportler wäre das vom gesundheitlichen Standpunkt sehr empfehlenswert und von der geringen Nahrungsmenge her auch leicht möglich. Für den Leistungs- und Hochleistungssportler stellen jedoch zu ballaststoffreiche Nahrungsmittel manchmal ein Problem dar, weil mit ihnen bei der im Leistungs- und Hochleistungssport erforderlichen hohen Kalorienzahl die Nahrungsmenge zu groß werden würde. Aber auch eine große Menge ballaststoffärmerer Nahrungsmittel liefert schließlich in der Summe auch die notwendige Menge von 30 Gramm Ballaststoffen.
Zu all dem kommt noch, dass ballaststoffreiche Nahrungsmittel meist auch einen niedrigen Zuckerindex (siehe S. 32) haben, so dass die von ihnen gelieferten Kohlenhydrate langsam und schonend ins Blut gehen, weniger Insulin »locken« – und damit unter anderem die Gewichtsabnahme erleichtern (siehe S. 105).

Die Verwertung der Kohlenhydrate unter körperlicher Belastung

Kohlenhydrate sind also sehr wichtige Bestandteile der menschlichen Ernährung und sollten daher etwa 50 bis 60 Prozent der zugeführten Nahrungsenergie ausmachen. Auch für den arbeitenden Muskel sind Kohlenhydrate sehr wichtig, weil sie außer einer schnell verfügbaren Energie auch noch Sauerstoff mitbringen. Daher sind sie besonders für hochintensive Belastungen in der Nähe der maximalen Sauerstoffaufnahmefähigkeit sehr kostbare Energiespender. Lange Zeit glaubte man sogar, dass sie die einzigen Energiespender für den arbeitenden Muskel sind. Inzwischen wurde jedoch zunehmend auch die Rolle

Statische und dynamische Betrachtung der Hauptnährstoffe

Hauptnährstoff	Energieinhalt pro Gramm	Energiefreisetzung pro Liter O2	Energieflussrate µMol/g x s
Kohlenhydrate	4,1 kcal	5,05 kcal	0,5–1,0
Fette	9,3 kcal	4,65 kcal	0,24
Eiweiß	4,1 kcal	4,48 kcal	?

Energielieferung der Hauptnährstoffe pro Gramm sowie pro Liter aufgenommenen Sauerstoffes und die maximal mögliche Flussrate der Energiefreisetzung

der Fette im Belastungsstoffwechsel (siehe auch S. 49 ff.) erkannt; denn für den Muskel ist es prinzipiell gleichgültig, wer ihm die Energie liefert – Hauptsache die Energieversorgung ist optimal.

Sehr feine Regulationssysteme sorgen dafür, dass je nach Intensität und Umfang der Belastung ein optimales Verhältnis zwischen Kohlenhydrat- und Fettstoffwechsel eingestellt wird. Wie in der Tabelle auf Seite 29 zu sehen ist, sind die Kohlenhydratreserven des Organismus auf 1200 bis 2800 Kalorien begrenzt, während die Fettenergiereserven in einer Größenordnung um 50 000 Kalorien fast unbegrenzt erscheinen. Auch kann der Organismus Fett viel Platz sparender speichern: In einem Gramm Fett bringt er 9,3 Kalorien unter, in einem Gramm Kohlenhydrat nur etwa die Hälfte. Jedoch kann die Energie aus Kohlenhydraten schneller und mit weniger Sauerstoffverbrauch freigesetzt werden. Es hängt also von der Situation ab, wann der Organismus welche Vorteile dieser beiden Energie liefernden Substrate nutzt.

Je intensiver man sich belastet, desto mehr wird der Kohlenhydratstoffwechsel (Glykogen) zur Energiegewinnung herangezogen (VO_{2max} = maximale Sauerstoffaufnahmefähigkeit).

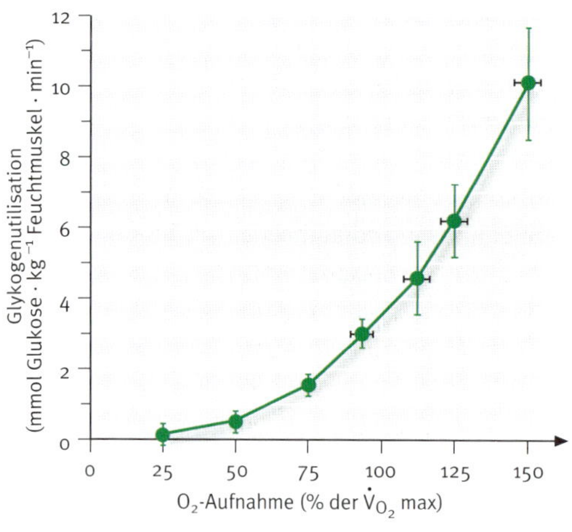

Daher sollte man die Nährstoffe nicht nur statisch nach ihrem Energieinhalt, sondern auch dynamisch nach ihrer maximal möglichen Energieflussrate und nach der pro Liter zugeführten Sauerstoffs möglichen Energiefreisetzung betrachten.

Dabei sind zwei Gesichtspunkte wichtig:

- Bei hochintensiven Belastungen in der Nähe der maximalen Sauerstoffaufnahmefähigkeit braucht der Körper schnelle Energie, und da der Sauerstoff bei hochintensiven Belastungen knapp wird, möglichst Nährstoffe, die selbst Sauerstoff mitbringen. Das trifft für die Kohlenhydrate zu.
- Bei Belastungen mit geringer bis mittlerer Intensität braucht der Körper nicht so schnell so viel Energie und hat dabei genügend Sauerstoff zur Verfügung, so dass er ohne Nachteile auf Energieträger zurückgreifen kann, deren Energie langsamer freigesetzt wird und die selbst keinen Sauerstoff mitbringen. Das trifft für die Fette zu.

Der intelligente Organismus wird also unter Belastung versuchen, so weit wie möglich Fette als Energieträger einzusetzen, weil sie ihm fast unbegrenzt zur Verfügung stehen und ihm ermöglichen, die kostbaren, nur begrenzt zur Verfügung stehenden Kohlenhydrate zu sparen. Das gelingt ihm umso besser, je besser durch ein entsprechendes Training auch der Fettstoffwechsel trainiert wird (siehe S. 49). Das Bestreben des Organismus muss also dahin gehen, möglichst wenig Kohlenhydrate einzusetzen, um zu vermeiden, dass die begrenzten Kohlenhydratreserven vorzeitig erschöpft werden.

Die Verwertung von Muskelglykogen

Die Verwertung von Muskelglykogen für die Muskelkontraktion hängt ab

- vom Trainingszustand,
- von der Dauer und Intensität der Belastung,
- von der Größe der Muskelglykogenspeicher.

Sportmedizinische Forschungen haben gezeigt, dass zwar für kurz dauernde Belastungen bis maximal 15 Sekunden die so genannten energiereichen Phosphate (ATP = Adenosintriphosphat oder KP = Kreatinphosphat) als Energielieferanten herangezogen werden, aber bei über diese Zeit hinaus gehenden Belastungen die beiden wichtigsten Energiequellen Kohlenhydrate und Fette verwendet werden. Diese beiden Energiequellen werden niemals ausschließlich benutzt, sondern je nach Art der Belastung wird immer ein bestimmtes Gleichgewicht zwischen diesen beiden Energieträgern hergestellt.
So kann es sein, dass in körperlicher Ruhe fast die gesamte Energie aus Fetten bezogen wird. Nur die Glukose abhängigen Organe und Gewebe wie das zentrale Nervensystem, die roten Blutkörperchen und das Nebennierenmark sind in dieser Situation auf Glukose angewiesen. So kann sich in Körperruhe, besonders bei ausdauertrainierten Sportlern, eine Energiegewinnung zu 90 Prozent aus Fetten und nur zu 10 Prozent aus Kohlenhydraten einstellen.
Bei geringer bis mittlerer Intensität wird der Muskel zunehmend auch Glukose als Energielieferant heranziehen, so dass sich vielleicht ein Gleichgewicht von 50 Prozent Kohlenhydrat- und 50 Prozent Fettenergie einstellen wird.
Bei höherer Belastungsintensität wird der Organismus immer mehr Kohlenhydrate zur Energiegewinnung heranziehen, so dass bei sehr intensiver sportlicher Aktivität – wie beim Leistungs- und Hochleistungssport – schließlich die Kohlenhydrate zu immer wichtigeren Energiespendern werden. Im Leistungs- und Hochleistungssport kann bei hochintensivem Training und im Wettkampf die Energie bis zu 90 Prozent aus Kohlenhydraten erfolgen.
Es kommen also nur bei hochintensiven Belastungen die zwei wesentlichen Vorteile der Kohlenhydratenergie zum Tragen: eine hohe maximal mögliche Energieflussrate pro Zeiteinheit und die Tatsache, dass die Sauerstoffmenge, die zur Energiegewinnung aus Kohlenhydraten benötigt wird, etwa 10 Prozent niedriger ist als bei der Energiegewinnung aus Fetten. Diese Tatsache spielt beim Breiten-

und Gesundheitssport zwar keine Rolle. Jedoch braucht auch der Breiten- und Gesundheitssportler immer ein gewisses Maß an Leber- und Muskelglykogen, damit der Blutzucker nicht absinkt und es nicht zum so genannten »Hungerast« kommt. Studien haben gezeigt, dass Sportler, deren Muskel- und Leberglykogenreserven durch Belastung, Fasten oder durch Belastung kombiniert mit einer kohlenhydratarmen Diät entleert worden sind, nur Leistungen von etwa 50 Prozent ihrer maximalen Arbeitskapazität erbringen können.
Umgekehrt können Athleten, deren Kohlenhydratreserven in der Leber und in der Muskulatur durch entsprechende Ernährungsmaßnahmen erhöht worden sind, länger intensiv belastet werden. Prinzipiell kann also die Größe der Glykogenspeicher im Ausdauersport – sowohl in der Kategorie des Gesundheits- und Breitensports, vor allem aber im Leistungs- und Hochleistungssport – einen leistungsbegrenzenden Faktor darstellen.

Abhängigkeit des Muskelglyogenverbrauchs von Belastungsintensität und Trainingszustand: Bei gleicher Belastungsintensität (Tempo) verbraucht der (Ausdauer-) Trainierte weniger Glykogen als der Untrainierte, weil sein besser trainierter Fettstoffwechsel ihm hilft, Kohlenhydrate zu sparen. (nach F. Brouns)

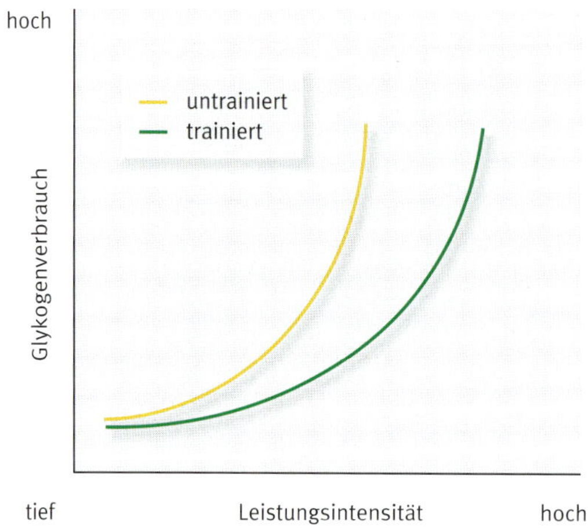

Die Größe der Glykogenspeicher

In der Leber kann Glykogen in einer Menge von etwa 100 Gramm gespeichert werden. Diese Menge ist nicht immer gleich und unterliegt periodischen Schwankungen, je nachdem wie viel Glykogen für die Aufrechterhaltung des Blutzuckers abgebaut werden muss und wie viel Glukose durch Nahrungsaufnahme nachgeliefert wird. Nach Mahlzeiten, vor allem wenn sie kohlenhydratreich sind, nimmt die Menge des Leberglykogens zu. Zwischen den Mahlzeiten und vor allem auch über Nacht nimmt sie ab, da die Leber ständig Glukose in den Blutkreislauf abgeben muss, um einen normalen Blutzuckerspiegel aufrechtzuerhalten.
Der Muskel kann bei körperlich nicht aktiven Personen pro Kilogramm Muskelgewebe bis zu 10 Gramm Glykogen speichern, was insgesamt etwa 300 Gramm entspricht. Durch Ausdauertraining und eine kohlenhydratreiche Ernährung können die Muskelglykogenspeicher bis auf über 500 Gramm erhöht werden.

Zeitlicher Ablauf des Glykogenverbrauchs

Grundsätzlich sind es vier Faktoren, die entscheiden, wie schnell und wie viel der Glykogenreserven für die Energiegewinnung eingesetzt und verbraucht werden, nämlich:

- die Belastungsintensität
- die Belastungsdauer
- der Trainingszustand und
- die Zufuhr von Kohlenhydraten

Wenn man sich mit geringer bis mäßiger Intensität belastet, was dem Breiten- und Gesundheitssport sowie dem Training der Grundlagenausdauer entspricht, dient Fett als zusätzliche Energiequelle. Auf diese Weise werden die Kohlenhydratreserven geschont und reichen länger, so dass man eine Belastungsdauer von über vier bis fünf Stunden oder mehr ohne Nahrungsaufnahme bewältigen könnte.

Bei höherer und submaximaler Belastungsintensität werden jedoch zunehmend Kohlenhydrate für die Energiegewinnung eingesetzt, so dass die Energiereserven an Kohlenhydraten schon nach 60 bis 90 Minuten erschöpft sein können. Das führt zu einem Leistungsabfall oder zu einem »Hungerast«.

Die Rolle des Trainingszustands

Die Entleerung der Kohlenhydratspeicher hängt nicht so sehr von der absoluten, sondern vielmehr von der relativen Intensität der Belastung ab, das heißt vom Trainingszustand (siehe auch S. 49 ff.). Denn hochtrainierte Ausdauersportler können im Vergleich zu weniger Trainierten bei der gleichen Geschwindigkeit mehr Fette als Energiequelle einsetzen und damit ihre Kohlenhydratreserven stärker schonen als weniger gut Ausdauertrainierte. Bei gleicher absoluter Belastungsintensität (z. B. Laufen mit einer Geschwindigkeit von 15 km/h) verbrauchen gut Ausdauertrainierte weniger Kohlenhydrate und mehr Fette für die Muskelkontraktion (siehe Abb. S. 49). Das heißt: Wenn sich Breiten- und Gesundheitssportler so verhalten würden, wie es eigentlich richtig wäre, indem sie sich mit geringer bis mittlerer Intensität belasten, dann könnten sie fast endlos mit dem Fettstoffwechsel unterwegs sein, ohne ständig Kohlenhydrate zuführen zu müssen.

Die Auffüllung der Glykogenvorräte

Wir haben nun auf die Bedeutung der Kohlenhydratreserven hingewiesen, aber auch gezeigt, wie es möglich ist, sie mit Hilfe eines gut trainierten Fettstoffwechsels so zu schonen, dass man keine zusätzliche Kohlenhydrataufnahme braucht. Trotzdem kann es sein, dass sich leistungsbetonte Freizeitsportler doch irgendwie mit anderen Sportlern in

Die Muskelglykogenspeicher im Oberschenkel unter verschiedenen Versuchsbedingungen:
1 mit Mischkost
2 mit kohlenhydratreicher Ernährung
(nach Saltin und Karlsson)

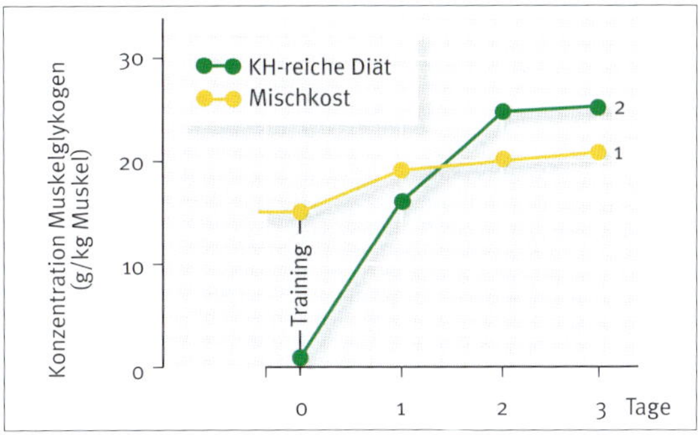

wettkampfähnlichen Situationen messen wollen. Dann empfiehlt es sich, darauf zu achten, die Kohlenhydratreserven möglichst gut aufzufüllen oder besser noch, sie zu vergrößern.
Dabei gehen die Empfehlungen dahin, zu diesem Zweck ausdauernd, mit geringer bis mittlerer Intensität – also »moderat« – zu trainieren und sich danach kohlenhydratreich zu ernähren. Damit ist eigentlich schon garantiert, dass man seine Glykogenreserven ständig gut gefüllt hat.

Das Prinzip der Superkompensation

Wichtig zu wissen ist, dass die reichliche Zufuhr von Kohlenhydraten nur die eine Voraussetzung ist und allein keine ausgiebige Glykogenanreicherung erzeugt. Die andere, viel wichtigere Voraussetzung für die Vergrößerung der Muskelglykogenspeicher aber ist die Tatsache, dass die im Sport eingesetzte Muskulatur – also die Arbeitsmuskulatur – vorher entsprechend belastet wurde und die Glykogenvorräte durch diese Belastung weitgehend verbraucht worden sind (siehe Abb. S. 41). Erst diese Inanspruchnahme der Kohlenhydratreserven aktiviert bestimmte Enzyme und Regulationen, die für die Auffüllung und Anreicherung von Muskelglykogen notwendig sind. Dabei macht man sich die Tatsache zunutze, dass der Organismus immer bestrebt ist, im Zuge der Regeneration bessere Voraussetzungen zu schaffen als vorher, was man als Superkompensation (oder Überkompensation) bezeichnet (siehe auch S. 110).
Das trifft auch für die Anreicherung und Vergrößerung der Muskelglykogenspeicher zu. Sportmedizinische Untersuchungen haben gezeigt, dass der belastete Muskel, dessen Glykogenvorräte möglichst weit ausgeschöpft worden sind, besonders in den ersten Stunden nach der Belastung einen großen Kohlenhydrathunger entwickelt und in dieser Zeit die angebotenen Kohlenhydrate begierig aufnimmt und einlagert. Wenn man das richtig macht, kann man die Größe seiner Muskelglykogenspeicher bis zum Doppelten vergrößern. Allerdings braucht diese Prozedur etwas Zeit, etwa zwei bis drei Tage, so dass Leistungs- und Hochleistungssportler ihre Trainings- und Wettkampfplanung nach dieser Tatsache ausrichten.

Im Leistungs- und Hochleistungssport ist beides wichtig: der Kohlenhydrat- und Fettstoffwechsel, während im Breiten- und Gesundheitssport aus gesundheitlichen Gründen der Fettstoffwechsel fast noch wichtiger ist.

Fette

Allgemeine Bedeutung

Fette sind chemische Fettsäureester des Glyzerins. Je nachdem mit wie vielen Fettsäuren das Glyzerin verestert ist, unterscheidet man Mono-, Di- und Triglyzeride. In den Fettspeichern des Körpers (Unterhautfettgewebe, Muskelfasern, Organfett) ist das Fett fast nur in Form von Triglyzeriden gespeichert.
Die Fettsäuren bestehen meist aus einer geraden Anzahl von 16 oder 18 Kohlenstoffatomen, die kettenförmig miteinander verknüpft sind:

- Bei den **gesättigten Fettsäuren** sind die Kohlenstoffatome durch Einfachbindungen verknüpft. Sie sind meistens die Bausteine des Speicherfettes. Die Hauptvertreter sind Palmitinsäure (so genannt nach ihrem Vorkommen im Kokosfett), Stearinsäure und Oleinsäure.
- Bei den **ungesättigten Fettsäuren** finden sich eine oder mehrere Doppelbindungen zwischen benachbarten Kohlenstoffatomen.
- Bei den **mehrfach ungesättigten Fettsäuren** sind die Doppelbindungen nicht konjugiert, das heißt, sie wechseln sich nicht mit Einfachbindungen ab, sondern liegen weiter auseinander.

Mehrfach ungesättigte Fettsäuren kann der Körper selbst nicht herstellen. Aber er braucht sie, vor allem zum Aufbau von so genannten Lipiden, aus denen die biologischen Membranen aufgebaut sind. Zu ihnen zählen die Phosphoglyzeride, die Sphingolipide, das Cholesterin und auch die Gallensäuren.
Daher nennt man sie auch **essenzielle Fettsäuren.** Sie müssen mit der Nahrung zugeführt werden. Die beiden wichtigsten essenziellen Fettsäuren sind Linolsäure (2-fach ungesättigt) und Linolensäure (3-fach ungesättigt). Sie kommen vor allem in Pflanzenfetten vor (z. B. Nüsse, Leinöl u. a.)

Cholesterin

Nützliche Funktionen

Cholesterin wird vom Körper für verschiedene Zwecke benötigt: als Grundstoff für Hormone, die so genannten Steroidhormone (Kortikoide, männliche und weibliche Geschlechtshormone), für die Herstellung der Gallensäuren und des Vitamin D sowie als Membranbaustein der Körperzellen. Cholesterin ist also lebensnotwendig. Deshalb wird Cholesterin vom Körper in der Leber selbst hergestellt: Pro Tag etwa ein Gramm – also 1000 Milligramm. Da in pflanzlicher Nahrung kein Cholesterin enthalten ist, wird Cholesterin zusätzlich zu diesen selbst produzierten Mengen nur mit tierischen Produkten (Eier, Fleisch, Milch u. a.) in einer Größenordnung von 300 bis 500 Milligramm pro Tag aufgenommen.
Da der Darm nur begrenzte Mengen an Cholesterin aufnehmen kann, ist eine exzessive Überladung des Körpers mit

Cholesterin durch die Nahrung beim Gesunden kaum möglich. Außerdem besteht eine Rückkopplung, so dass bei ausreichender Cholesterinzufuhr mit der Nahrung beim Gesunden normalerweise in der Leber weniger Cholesterin gebildet wird.

»Gutes« und »böses« Cholesterin

Bei einer Störung des Fettstoffwechsels jedoch kann der Cholesterinspiegel im Blut ansteigen. Ein erhöhter Cholesterinspiegel fördert Arteriosklerose und damit die Entstehung von Herzinfarkten, Schlaganfällen und Durchblutungsstörungen. Bei einem Cholesterinspiegel über 260 mg % zum Beispiel ist das Arterioskleroserisiko dreimal höher als bei einem Cholesterinspiegel von 200 mg %! Dieses Risiko wird noch um ein Vielfaches erhöht, wenn gleichzeitig noch andere Risikofaktoren vorliegen wie hoher Blutdruck, Zuckerkrankheit oder Rauchen. Ein erhöhter Cholesterinspiegel im Blut (Hypercholesterinämie) ist meist die Folge einer Kombination stoffwechselbedingter Faktoren mit überhöhter Zufuhr durch die Nahrung.

Infiltration von LDL-Partikeln (»LDL-Cholesterin») in die Gefäßwand

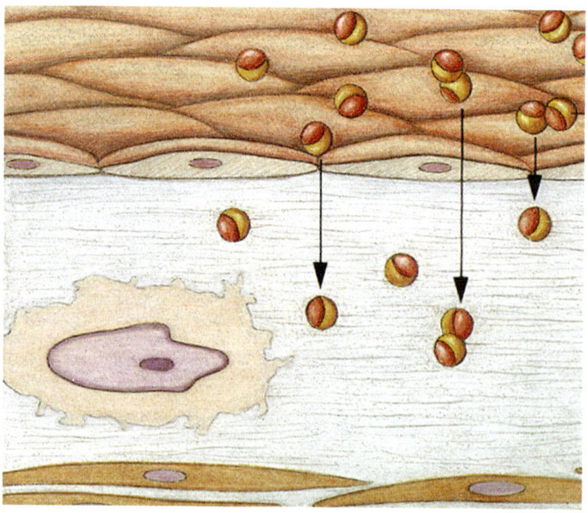

Damit Cholesterin im Blut transportiert werden kann, muss es an bestimmte Transporteiweiße, die Lipoproteine, gebunden werden. Diese sind es, die darüber entscheiden, ob das Cholesterin zur Entstehung der Arteriosklerose beiträgt oder nicht. Man unterscheidet Lipoproteine von geringer Dichte (Low-density Lipoproteins, LDL) und von sehr geringer Dichte (Very-low-density Lipoproteins, VLDL). Mit den VLDL-Transportpartikeln wird das Cholesterin von der Leber in das Blut abgegeben. Im Blut wird das VLDL in LDL umgewandelt. VLDL und LDL versorgen die Körperzellen mit Cholesterin. Ist die von ihnen transportierte Cholesterinmenge jedoch zu groß, wird das Cholesterin an den Arterieninnenwänden abgelagert. Daher wird diese Art von Cholesterin auch »böses Cholesterin« genannt.

In der Blutbahn zirkulieren außerdem auch Lipoproteine von hoher Dichte (High-density Lipoproteins, HDL). Diese können den Low-density Lipoproteinen (LDL) Cholesterin abnehmen oder es sogar wieder aus den Arterienwänden herauslösen. Damit beugen sie der Arteriosklerose vor oder können sogar bereits bestehende arteriosklerotische Veränderungen wieder rückgängig machen. Daher wird das HDL-Cholesterin auch »gutes Cholesterin« genannt. Die vermehrte Bildung von »gutem« HDL-Cholesterin wird vor allem durch Gewichtsabnahme, moderate körperliche Aktivität und Nichtrauchen gefördert.

Gefährliches oxidiertes Cholesterin

Wissenschaftler haben reines Cholesterin verfüttert, und es passierte nichts. Es trat keine Arteriosklerose auf. Wenn das Cholesterin aber an der Luft oxidiert war, wirkten schon geringe Spuren hochgradig toxisch auf die Gefäßwände und erzeugten alle Veränderungen der Arteriosklerose. Vermutlich ist also nicht so sehr die absolute Höhe des Cholesterinspiegels im Blut für die Entstehung einer Arteriosklerose maßgebend, sondern die Oxidation dieses Cholesterins, die zu den genannten Schäden der Gefäßinnenwände führt. Die Wahrscheinlichkeit einer Oxidation ist bei hohen Cholesterinspiegeln höher, und die Oxidierbarkeit ist vor allem bei LDL- und VLDL-Cholesterin besonders hoch. Daher wird sich durch die Erkenntnis der Gefährlichkeit des oxidierten Cholesterins an dem therapeutischen Vorgehen nicht viel ändern; aber man sollte es erweitern, nämlich:

➤ die Oxidation des körpereigenen Cholesterins durch Hochregulierung der antioxidativen Schutzsysteme (siehe S. 93 ff.) und durch Zufuhr von Antioxidantien (Vitamin E, C und A, Selen, Zink und sekundäre Pflanzenstoffe) verhindern,

Oxidiertes Cholesterin meiden

Nahrungsmittel mit hohem Gehalt an oxidiertem Cholesterin

- Vollmilchpulver (große Oberfläche, sprühgetrocknet)
- Volleipulver (große Oberfläche, sprühgetrocknet)
- Alle Gebäcke mit Butter und Milch (große Oberfläche durch Poren)
- Parmesankäse und andere geriebene Käsearten (große Oberfläche)
- Alle cholesterinreichen Nahrungsmittel, die lange an der Luft stehen und küchentechnisch (Braten, Grillen) verarbeitet werden

Nahrungsmittel mit hohem Gehalt an oxidiertem Cholesterin

➤ die Zufuhr von oxidiertem Cholesterin durch die Nahrung vermeiden (siehe Tab. oben).

Vielleicht ist auch das Übergewicht deswegen ein Risikofaktor, weil es dem Körper wichtige Antioxidantien wegnimmt, um die Oxidation zu verhindern. Denn jedes Fett wird »ranzig«, wenn es oxidiert. Deswegen sind in pflanzlichen Ölen immer antioxidative Schutzstoffe

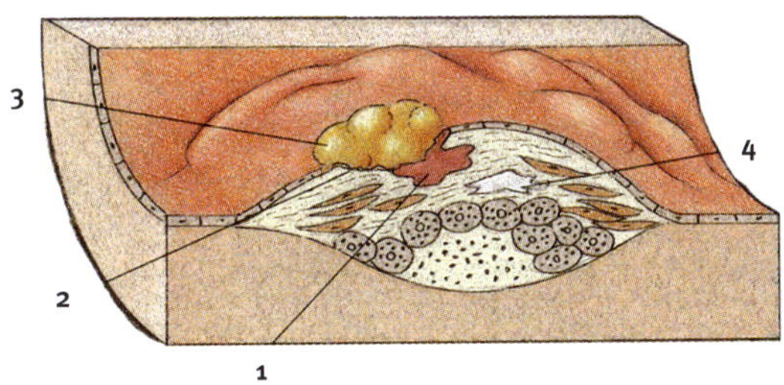

Beginnende Arteriosklerose: mit Komplikationen (1 = Einblutungen, 2 = Geschwürbildung, 3 = thrombotische Auflagerungen, 4 = Verkalkungsherde)

Den Anteil von Nahrungsmitteln mit einem hohen Gehalt an »versteckten Fetten« vermindern

Versteckte Fette meiden

Nahrungsmittel mit einem hohen Anteil an versteckten Fetten

- Fleisch- und Wurstwaren
- Käse mit hohem Fettgehalt
- Gebäck, Kuchen, Torte
- Schokolade
- Nüsse mit hohem Fettgehalt
- Soßen, Mayonnaisen
- Eier
- Panierte Speisen
- Pfannkuchen, Pommes frites, Rohrnudeln
- Mehlspeisen u. a.

enthalten, um die eigene Oxidation zu verhindern – in tierischen Fetten ist das aber nicht der Fall. Vielleicht ist das mit ein Grund, warum tierische Fette für den Menschen ein gefährlicher Risikofaktor sind, pflanzliche Öle aber nicht.

Fettstoffwechselstörungen

Von einer Fettstoffwechselstörung spricht man, wenn die Cholesterin- oder die Triglyzeridkonzentration im Blut bestimmte Werte übersteigt. Bei einem hohen Cholesterinspiegel ist meist das LDL-Cholesterin in größeren Mengen im Blut vorhanden, während die Menge des HDL-Cholesterins bei zu viel LDL-Cholesterin abnimmt. Auch erhöhte Triglyzeride begünstigen die Entstehung einer Arteriosklerose. Bei einem Wert von mehr als 250 mg % Gesamtcholesterin (Serumcholesterin) im Blut sowie bei mehr als 155 mg % LDL- und weniger als 35 mg % HDL-Cholesterin im Blut spricht man von einer Fettstoffwechselstörung. Diese kann ihre Ursache in einer erblichen Veranlagung haben (primäre Hyperlipoproteinämie) oder Folge einer anderen Krankheit (z. B. Diabetes mellitus) sein oder durch Ernährungsfehler (Übergewicht, fettreiche Ernährung, zu viel Alkohol oder auch zu viel Kohlenhydrate mit hohem glykämischen Index) bedingt sein (sekundäre Hyperlipoproteinämie).
Wenn der erhöhte Cholesterinspiegel durch Beseitigung der genannten Ernährungsfehler und Gewichtsabnahme nicht ausreichend gesenkt werden kann, ist eventuell eine zusätzliche medikamentöse Therapie notwendig, zum Beispiel durch Medikamente, die die Aufnahme von Cholesterin im Darm oder seine Synthese in der Leber hemmen.

Die fettarme Ernährung des Sportlers

Man muss die Rolle der Nahrungsfette von der Bedeutung des Fettstoffwechsels unterscheiden: Die Fette in der Nahrung muss man drastisch reduzieren; den Fettstoffwechsel des Körpers dagegen, der durch Bewegungsarmut und Überernährung gewissermaßen »eingeschlafen« ist, muss man wieder »erwecken« – durch ein richtig dosiertes Ausdauertraining (siehe S. 108 ff.) in Verbindung mit einer knappen, vollwertigen, fettarmen Ernährung. Die Nahrung des Sportlers sollte deswegen fettarm sein, da Fett in der Nahrung leistungsmindernd wirkt. Das ist bei der »normalen« Zivilisationskost der Fall, die mit einem Fettanteil von über 40 Prozent der Nahrungsenergie viel zu fettreich ist.

Der fitness- und gesundheitsbewusste Mensch sollte zunächst die sichtbaren Fette soweit reduzieren, wie es geht, und dann auch Nahrungsmittel mit einem hohen Anteil an versteckten Fetten meiden (siehe Tab. S. 46). Besonders bei der Versorgung mit Eiweiß sollte er darauf achten, fettarme Eiweißspender (siehe Tab. S. 59) zu bevorzugen und sich für die »Magervarianten« zu entscheiden. Nur auf diese Weise kann man den Fettanteil in der Nahrung auf gesunde und leistungsfördernde 30 kcal% oder darunter senken.

Qualitativ hochwertige Fette und Öle mit einem hohen Anteil an mehrfach ungesättigten Fettsäuren (MUFS) sollten bevorzugt werden, weil sie essenzielle Nahrungsbestandteile und fettlösliche Vitamine (v. a. Viamin E) liefern. Außerdem werden aus ihnen bestimmte Stoffe (Prostaglandine, Thromboxane und Leukotriene) hergestellt, die Entzündungsprozesse regulieren. Auf diese Weise wird die belastungsinduzierte Stressreaktion im Sport auch von den zugeführten Fettsäuren beeinflusst.

Von einer zu reichlichen Zufuhr von Fetten mit mehrfach ungesättigten Fettsäuren (Maiskeimöl, Distelöl, Safloröl u. a.) ist man jedoch »wieder abgekommen« (ein häufig verwendeter Ausdruck in der Medizin), weil man erkannt hat, dass die in ihnen enthaltenen antioxidativen Schutzstoffe (Vitamin E, sekundäre Pflanzenstoffe) für den antioxidativen Schutz der eigenen zahlreichen Doppelbindungen benötigt werden und daher nicht dem Körper zur Verfügung stehen – oder noch schlimmer: ihm vielleicht sogar antioxidative Schutzstoffe wegnehmen, die gerade ein Sportler zum Schutz gegen freie Radikale notwendig braucht.

Daher sind für den Sportler vor allem Olivenöl, Rapsöl, Weizenkeimöl und Fischöle zu empfehlen, weil sie überwiegend Fettsäuren mit nur einer Doppelbindung enthalten (Olivenöl, Rapsöl) oder über einen Überschuss an antioxi-

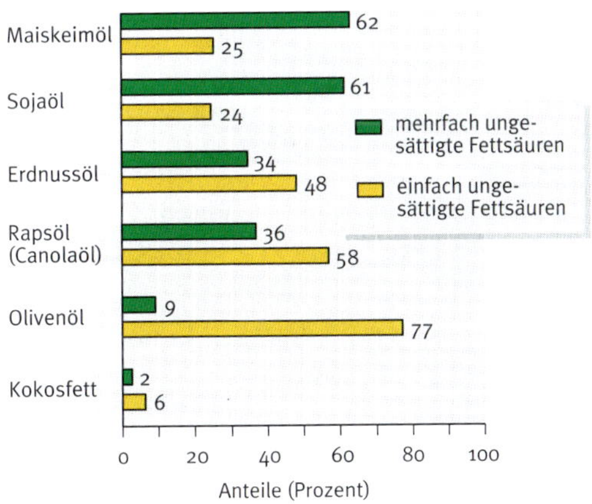

Anteil an einfach ungesättigten und mehrfach ungesättigten Fettsäuren in verschiedenen Speisefetten (modifiziert nach H.-K. Biesalski)

Olivenöl – eines der wertvollsten pflanzlichen Öle mit einem hohen Anteil an einfach ungesättigten Fettsäuren, sekundären Pflanzenstoffen und Tokopherolen (Vitamin E)

dativen Schutzstoffen verfügen (Weizenkeimöl, Fischöl). Fischöle mit den wertvollen Omega-3-Fettsäuren sind vor allem in Lachs, Hering und Makrele enthalten.

Seefische enthalten wertvolle Omega-3-Fettsäuren und auch wichtige Spurenelemente wie z. B. Selen u. a.

Fettspeicher

Der Fettanteil an der Körpermasse beträgt bei untrainierten Männern 10 bis 20 Prozent (bei trainierten 5 bis 15 Prozent), bei untrainierten Frauen 20 bis 35 Prozent (bei trainierten 10 bis 25 Prozent). Fett wird im Körper in Form von Triglyzeriden in den Fettzellen des Fettgewebes (Adipozyten) und in den Muskelfasern (vor allem bei Ausdauertrainierten) gespeichert. Fette sind praktische Energiespeicher, da sie einen mehr als doppelt so hohen biologischen Brennwert (9,3 kcal/g) wie Kohlenhydrate (4,1 kcal/g) oder Eiweiß (4,1 kcal/g) aufweisen. Sie sind daher eine konzentriertere, gewichtssparende Energiequelle und ermöglichen es, große Energiemengen auf geringstem Raum zu speichern. So benötigen zum Beispiel 10 Kilogramm Fett in wasserhaltigem Gewebe etwa 12 Liter Raum. Würde der Körper dieselbe Energiemenge in Form von Glykogen speichern wollen, müsste er dafür etwa 22,7 Kilogramm Glykogen aufbauen. Da 1 Gramm Glykogen etwa 2,7 Gramm Wasser bindet, kämen noch etwa 61,3 Liter Wasser dazu. Statt 12 Liter Speichervolumen wären für die Speicherung der gleichen Energiemenge durch Kohlenhydrate rund 84 Liter – also das Siebenfache – Körpervolumen notwendig!
Diese Möglichkeit, auf geringstem Raum möglichst viel Energie zu speichern, machen sich zum Beispiel die Zugvögel zunutze, die mit dem unter ihren Flügeln

gespeicherten Fett ohne Nahrungsaufnahme von Norwegen bis Afrika fliegen können. Man muss nur lernen, diese Energiequelle zu nutzen – wie es durch Ausdauertraining geschieht.

Fettgewebe

Das Unterhautfettgewebe macht den größten Teil des Fettgewebes aus. Dazu kommt noch das Organfett, das die Organe schützend umgibt. Bedeutende Fettmengen umgeben vor allem die Bauchorgane. Diese Fettmengen besitzen ein erhebliches Energiepotenzial, etwa 7500 kcal/kg. Auch wenn ausdauertrainierte Athleten magerer sind als »Normalpersonen«, so besitzen sie doch immer noch erhebliche Reserven an Fettenergie – etwa in der Größenordnung von über 50 000 Kalorien.

Muskelfett

In der Muskulatur wird Fett ebenfalls in Form von Triglyzeriden gespeichert, als kleine Fetttröpfchen direkt neben den Mitochondrien, den »Kraftwerken« der Zellen, in denen auch ihre »Verbrennung« unter Verbrauch von Sauerstoff stattfindet. Durch Ausdauertraining werden diese Fettenergiespeicher in der trainierten Muskulatur mehr als verdoppelt – ein Hinweis darauf, wie wichtig die Verwendung von Fettenergie für Ausdauerleistungen ist.

Fettstoffwechsel unter Belastung

Regelmäßiges Ausdauertraining erhöht die Fähigkeit der Skelettmuskulatur, Fett immer besser als Energiequelle zu nutzen. Durch knappe Ernährung und das Training der Grundlagenausdauer mit geringer bis mittlerer Intensität, also moderat und relativ langsam, über längere Zeiträume – 30 bis 40 Minuten und mehr –, wird der Fettstoffwechsel so trainiert, dass er bei gleichem Tempo immer mehr zum Einsatz kommt, was dazu dient, Kohlenhydrate zu sparen. Außer-

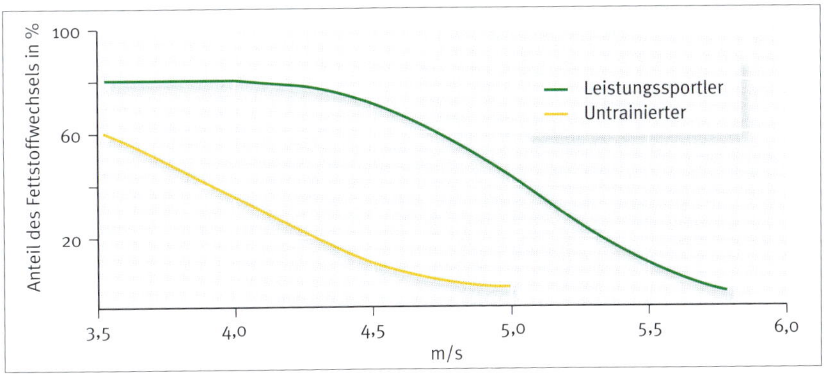

Anteil des Fettstoffwechsels an der Energieproduktion bei unterschiedlich Ausdauertrainierten: Der besser trainierte Leistungssportler kann bei gleichem Tempo einen viel größeren Anteil an Fettenergie nutzen – und dadurch Kohlenhydrate sparen. (nach Donath und Schüler)

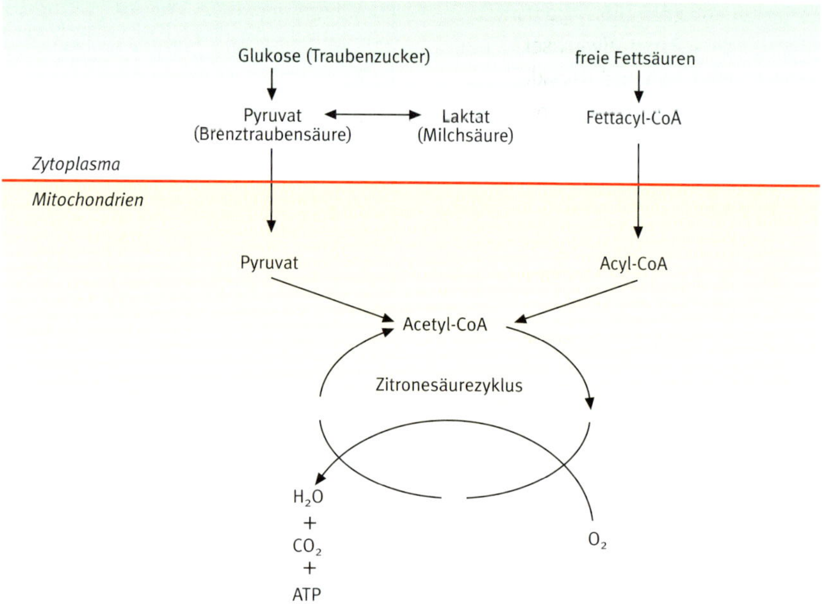

Biochemischer Zusammenhang zwischen Kohlenhydrat- und Fettstoffwechsel: »Die Fette verbrennen im Feuer der Kohlenhydrate«. (nach F. Brouns)

dem wird durch Ausdauertraining die Empfindlichkeit der Fettzellen gesteigert, auf bestimmte Reize hin freie Fettsäuren ins Blut abzugeben, was eine raschere Anpassung an den erhöhten Bedarf und auch eine leichtere Gewichtsabnahme (siehe S. 105) ermöglicht. Man kann es auch so ausdrücken: Ein gut trainierter Fettstoffwechsel ist das Markenzeichen eines gut trainierten Ausdauersportlers. Denn wenn die Kohlenhydratspeicher möglichst lange geschont werden, wird der Zeitpunkt der Ermüdung in weite Ferne hinausgeschoben – und »Ermüdungswiderstandsfähigkeit« ist das Kennzeichen der (Langzeit-)Ausdauer.

Bei körperlicher Belastung werden durch zahlreiche Regulationssysteme sowohl der Verbrauch wie auch die Mobilisierung freier Fettsäuren allmählich gesteigert, was allerdings etwas Zeit benötigt; denn Mobilisierung, Transport und Verwertung von Fetten sind relativ langsame Prozesse. Daher wird zur Überbrückung in der Startphase zunächst Energie überwiegend aus Kohlenhydraten freigesetzt.

Nach etwa 20 Minuten ist beim Trainierten der Fettstoffwechsel in voller Aktion, wobei genauso allmählich der Verbrauch der Kohlenhydratreserven zurückgehen kann (siehe Abb. S. 51 unten).

Der alte Spruch »Fette verbrennen im

Feuer der Kohlenhydrate« geht darauf zurück, dass der Fettstoffwechsel in den so genannten »Zitronensäurezyklus« hineinmündet, dessen Funktion durch den Abbau von Glukose aufrechterhalten wird (siehe Abb. S. 50).

Das heißt: Ein gewisses Kohlenhydratminimum (etwa 120–150 g/Tag) ist immer notwendig, um diesen Mechanismus aufrechtzuerhalten.

Aber das bewusste Training des Fettstoffwechsels ermöglicht es, Kohlenhydrate so effizient sparen zu können, dass fast jeder gut trainierte Ausdauersportler in der Lage ist, seine Wettkampfstrecke »im Notfall« auch ohne Nahrung zurückzulegen – wie die Zugvögel in der Natur.

Im Frühjahrstraining wird der Fettstoffwechsel trainiert.

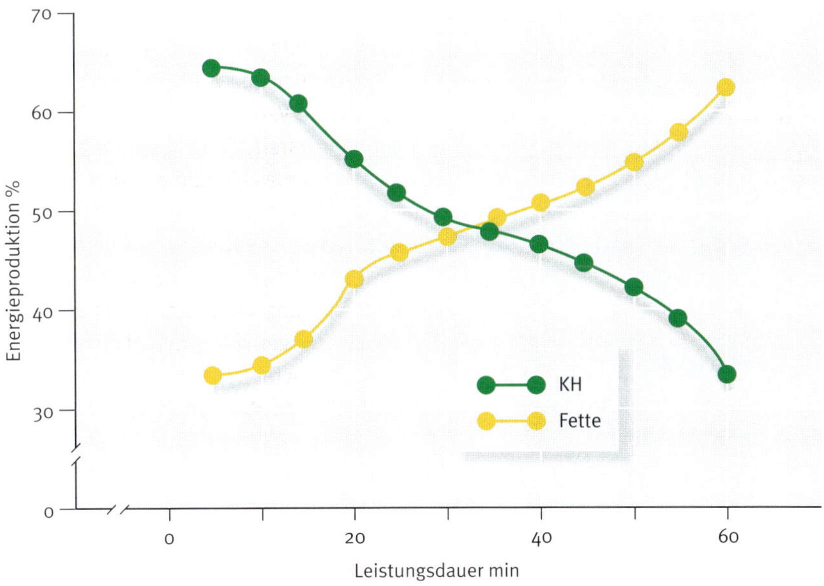

Der Fettstoffwechsel benötigt ca. 20 bis 30 Minuten Zeit. Dann werden beim Ausdauertrainierten zunehmend mehr Fettsäuren zur Energiegewinnung herangezogen, so dass Kohlenhydrate gespart werden können. (nach F. Brouns)

Eiweiß

Allgemeine Bedeutung

Eiweiße, auch Proteine genannt, sind wichtige Bausteine des Lebens. Das Wort Protein stammt aus dem Griechischen und heißt so viel wie: den ersten Platz einnehmen. Bei der Entstehung und Erhaltung des Lebens spielen die Eiweiße oder Proteine tatsächlich die »erste Rolle«. Im Gegensatz zu den Kohlenhydraten und Fetten dienen die Eiweiße überwiegend als Baustoff, vor allem für die Muskelfasern, und als Funktionseiweiß für Enzyme, Hormone und das Immunsystem. Proteine sind eine wichtige Grundlage für das Wachstum und für die Entwicklung von Organen und Geweben. Bei ungenügender Versorgung mit Stickstoff oder essenziellen Aminosäuren kommt es zu Beeinträchtigungen des Wachstums, vor allem des Muskelgewebes, zu einer Abwehrschwäche des Immunsystems und zu anderen Gesundheitsstörungen.

Die Proteine bestehen aus Aminosäuren, die dem Körper vor allem Stickstoff und Schwefel liefern – Elemente, die in Kohlenhydraten und Fetten nicht enthalten sind. Die Aminosäuren sind in unterschiedlich langen Ketten miteinander verbunden. Im menschlichen Körper gibt es zwanzig verschiedene Aminosäuren als Bausteine von unterschiedlich langen Eiweißketten, die man Peptide nennt.

Wie bei den Kohlenhydraten unterscheidet man auch bei den Eiweißen verschiedene Stoffgruppen je nach der Länge ihrer Verbindungsketten:

- Oligopeptide mit bis zu zehn Aminosäuren
- Polypeptide mit einer Kette von mehr als zehn Aminosäuren
- Proteine nennt man eine Aminosäurekette, die mehr als 100 Aminosäuren enthält, die miteinander verknüpft sind.

Obwohl es nur etwa zwanzig verschiedene Aminosäuren gibt, können sie sich zu einer unvorstellbar großen Zahl verschiedener Eiweißkörper (10^{130} – das ist eine 1 mit 130 Nullen!) kombinieren. Zwölf dieser zwanzig Aminosäuren kann

Die 20 in Nahrungsproteinen vorkommenden Aminosäuren

Die acht essenziellen Aminosäuren, die der Körper nicht selbst herstellen kann, sind mit einem * gekennzeichnet.

Aminosäuren

Neutrale Aminosäuren
Glyzin, Alanin, Serin, Threonin*, Valin*, Leuzin*, Isoleuzin*,

Saure Aminosäuren
Asparaginsäure, Asparagin, Glutaminsäure, Glutamin

Basische Aminosäuren
Arginin, Lysin*

Schwefelhaltige Aminosäuren
Cystein, Methionin*

Aromatische Aminosäuren
Phenylalanin*, Tyrosin

Hererozyklische Aminosäuren
Tryptophan*, Histidin, * Prolin,

der Organismus selbst herstellen, die anderen acht muss er für den Aufbau körpereigener Proteine mit der Nahrung zuführen. Diese acht lebensnotwendigen Aminosäuren (Isoleuzin, Leuzin, Lysin, Methionin, Phenylalanin, Threonin, Tryptophan und Valin) nennt man essenzielle Aminosäuren (siehe Tab. S. 52). Aminosäuren dienen nicht nur als Kettenglieder einer fast unendlichen Zahl verschiedener Eiweißkörper, sondern auch zum Aufbau von Überträgersubstanzen im Nervensystem (so genannte Neurotransmitter) und sind daher eine wichtige Voraussetzung für die optimale Funktion von Gehirn und Rückenmark (siehe auch »Hirnaktive Aminosäuren«, S. 59 ff.). Außerdem benötigt der Körper die Aminosäuren, um sie mit Zuckermolekülen zu neuen Verbindungen zusammenzufügen (so genannte Glykoproteine). Die Glykoproteine sind unter anderem wichtige Grundsubstanzen aller Knorpelgewebe des Körpers.

Proteinreserven

Eiweißreserven, die man in ihrer Größenordnung mit denen der Kohlenhydrate oder gar der Fette vergleichen könnte, gibt es im menschlichen Organismus nicht. Es gibt allenfalls einen kleinen Pool von etwa 100 Gramm Aminosäuren, aus dem sich der Körper bei Bedarf bedienen kann (siehe Abb. rechts).
Die drei wichtigsten funktionellen Proteinpools sind:

- Proteine und Aminosäuren im Blutplasma
- Proteine und Aminosäuren in der Muskulatur
- Proteine und Aminosäuren im Verdauungssystem

Obwohl Eiweiße etwa zu ein bis zwei Prozent am Energiestoffwechsel teilnehmen, ist das nicht ihre eigentliche Aufgabe; denn sonst hätte der Körper größere Proteinreserven angelegt.
Alle Proteine im Organismus sind funktionelle Proteine, meist Bestandteile von Geweben und Stoffwechselsystemen, wie z. B. der Hormonsysteme, Enzymsysteme oder Transportsysteme.

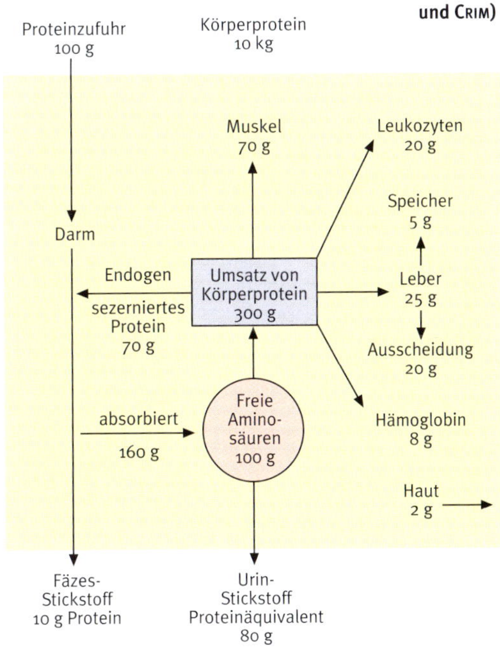

Geschätzter täglicher Proteinumsatz und Aminosäure-Pool eines Menschen von 70 Kilogramm Körpergewicht (modifiziert nach MUNRO und CRIM)

Überschüssiges Protein kann nicht als Protein gespeichert werden, sondern wird im Stoffwechsel verarbeitet, über die Nieren als Harnstoff ausgeschieden oder zur Zuckerneubildung und auf diesem Weg auch zum Aufbau von Glykogen verwendet.

Die Aminosäuren im Blutplasma sind der zentrale Pool für die im Stoffwechsel benötigten Eiweißbausteine. Tritt ein Mangel an nicht-essenziellen Aminosäuren ein, gleicht ihn der Organismus durch Produktion dieser Aminosäuren aus. Wenn jedoch ein Mangel an essenziellen Aminosäuren im Blutplasma auftritt, gibt es nur zwei Möglichkeiten: Entweder wird dieser Mangel durch die Nahrung ausgeglichen, oder der Organismus muss körpereigene funktionelle Proteine abbauen, die diese fehlenden essenziellen Aminosäuren enthalten. Dadurch kann der gesamte Organismus geschwächt werden.

Jede stärkere Veränderung in der Zusammensetzung der Plasmaaminosäuren kann also Störungen in den Funktionseiweißen (Muskulatur, Hormone, Enzyme) sowie auch in den Neurotransmittern des Nervensystems mit Störungen von Wachheit, Konzentration und Stimmungslage und schließlich auch des Immunsystems zur Folge haben.

Biologische Wertigkeit (BW)

Tierisches Eiweiß	**BW**
Vollei	100
Fleisch	92–96
Fisch	94–96
Milch	88
Käse	82–85
Pflanzliches Eiweiß	
Soja	84
Grünalgen	81
Roggen	76
Bohnen	72
Reis	70
Kartoffel	70
Brot	70
Linsen	60
Weizen	56
Erbsen	56
Mais	54

Die biologische Wertigkeit (BW) verschiedener Eiweißarten (nach Lang und Kofranyi)

Proteinqualität und Biologische Wertigkeit (BW)

Da der Körper keine wesentlichen Proteinreserven besitzt, muss Eiweiß in der Nahrung regelmäßig zugeführt werden. Die in der Nahrung enthaltenen Eiweißarten müssen in körpereigenes Eiweiß umgebaut werden. Dabei sind die Nahrungseiweiße für den Körper umso wertvoller, je mehr essenzielle Aminosäuren sie enthalten, da der Körper gerade diese benötigt, weil er sie nicht selbst herstellen kann. Die für unseren Körper wichtige Proteinqualität wird also im Wesentlichen durch die Menge an es-

senziellen Aminosäuren bestimmt. Dieses so genannte Aminosäurereferenzmuster dient als Standard zur Beurteilung der Qualität von Nahrungsproteinen, ist aber kompliziert in die Praxis umzusetzen.
Einfacher ist der Umgang mit der biologischen Wertigkeit der Eiweiße, die besagt, wie viel Gramm Körpereiweiß durch 100 Gramm des betreffenden Nahrungseiweißes aufgebaut werden können. Je höher die biologische Wertigkeit eines Eiweißstoffes ist, desto weniger braucht der Körper davon, um seine Eiweißbilanz ausgeglichen zu gestalten. Für sich allein gesehen sind tierische Eiweißspender für den Menschen biologisch hochwertiger als pflanzliche (siehe Tab. S. 54). Wichtig ist jedoch die Erkenntnis, dass sich die Eiweißbausteine verschiedener Nahrungsmittel, gleichgültig ob tierischer oder pflanzlicher Herkunft, gegenseitig durch Kombination ihres Aminosäurespektrums – vor allem an essenziellen Aminosäuren – ergänzen und aufwerten können. So kann durch die richtige Mischung verschiedener Eiweißträger eine höhere biologische Wertigkeit erreicht werden als das durch Eiweiß aus tierischen Quellen alleine möglich wäre (siehe Tab. oben). Während z. B. Fleisch eine biologische Wertigkeit von 92 bis 96 aufzuweisen hat, erreicht man durch die richtige Mischung von Kartoffeln mit Ei die höchste biologische Wertigkeit von 137 (!), die die biologische Wertigkeit des Volleies alleine (BW 100) bei weitem übertrifft. Weitere günstige Proteingemische sind: Ei und Milch (BW 122), Ei und Getreide (BW 118), Milch und Getreide (BW 105) sowie die Mischung rein pflanzlicher Eiweiße von Bohnen und Mais (BW 101) (siehe Tab. oben und S. 56).

Biologische Wertigkeit von Proteingemischen

Proteingemisch	Mischungsverhältnis	BW
Vollei und Kartoffel	35 % / 65 %	137
Vollei und Milch	71 % / 29 %	122
Vollei und Weizen	68 % / 32 %	118
Milch und Weizen	75 % / 25 %	105
Bohnen und Mais	52 % / 48 %	101

Die biologische Wertigkeit verschiedener Proteingemische für den Menschen (nach P. Semler)

Der Eiweißstoffwechsel bei körperlicher Belastung

Obwohl Eiweiße nicht primär zur Energiegewinnung vorgesehen sind, hat man doch festgestellt, dass bestimmte Plasmaaminosäuren während körperlicher Belastung verbraucht werden, vor allem wenn die Kohlenhydratreserven zur Neige gehen und Aminosäuren (z. B. Alanin) zur Glukose-Neubildung herangezogen werden. Darüber hinaus werden bei körperlicher Belastung auch funktionelle Eiweiße (in Muskelfasern, Hormonen und Enzymen) vermehrt verbraucht, die in der Wiederherstellungsphase nach der Belastung vermehrt zugeführt werden müssen. Vor allem bei intensiven und länger dauernden Ausdauerbelastungen und bei intensivem Krafttraining ist das der Fall. So führen Ausdauerleistungen höherer Intensität immer auch zu einem Verschleiß an Muskelfasern, zu strukturellen Veränderungen an den Zellmembranen, vor allem auch der Mitochondrien, und zu Inaktivierungen von Enzymen und Hormonen.

Der Eiweißbedarf

Über den Eiweißbedarf des Sport treibenden und nicht Sport treibenden Menschen wurde und wird viel diskutiert. Während früher ein Gramm Eiweiß pro Kilogramm Körpergewicht als Eiweiß-Optimum angesehen wurde, liegen heute die Empfehlungen für gesunde, nicht Leistungssport treibende Menschen bei 0,8 Gramm Eiweiß pro Kilogramm Körpergewicht, was etwa 10 bis 15 Prozent der täglich zugeführten Nahrungsenergie entspricht. Diese Menge dürfte auch für Breiten- und Gesundheitssportler ausreichen, wenn es sich um biologisch hochwertiges Eiweiß handelt. Leistungsbetonten Sportlern, die mit größerer Intensität und größerem Umfang trainieren, wird eine Eiweißzufuhr von 1,2 bis 1,4 Gramm Eiweiß pro

Günstige Kombinationen mit Ergänzungswert für Eiweiß

Kartoffeln und Ei oder Milch		
z. B. Kartoffeln	**und**	Ei, Milch, Quark, Hüttenkäse, Joghurt, Dickmilch, Käse
z. B.: Pellkartoffeln mit Quark; Bratkartoffeln mit Spiegelei; Kartoffeln mit Käse		
Getreide und Ei		
z. B. Reis, Weizen, Buchweizen, Hafer, Gerste, Roggen, Hirse	**und**	Ei
z. B.: Buchweizenpfannkuchen mit Ei; Rührei mit Vollkornprodukten; Spaghetti mit Ei		
Getreide und Milch		
z. B. Reis, Weizen, Buchweizen, Hafer, Gerste, Roggen, Hirse	**und**	Milch, Käse, Quark, Hüttenkäse, Dickmilch, Joghurt
z. B.: Vollkorn- oder Buchweizenpfannkuchen mit Trinkmilch; Müsli mit Milch oder Joghurt; Vollkornnudeln mit Käse; Vollkornbrot mit Käse; Joghurt mit Weizenkeimen		
Getreide und Hülsenfrüchte		
z. B. Reis, Weizen, Buchweizen, Hafer, Gerste, Roggen, Hirse	**und**	Bohnen, Erbsen, Linsen, Kichererbsen, Sojabohnen
z. B.: Bohnensuppe mit Reis; Hirse mit Kichererbsen; Erbsensuppe mit Vollkornsemmeln		

Günstige Kombination von Nahrungsmitteln, die sich in ihren Aminosäuremustern zu hochwertigem Eiweiß gegenseitig aufwerten (nach M. Hamm)

Kilogramm Körpergewicht empfohlen. Größere Eiweißmengen sind nicht erforderlich und bringen keine Leistungssteigerung. Bei höherer Eiweißzufuhr muss man darauf achten, genügend Flüssigkeit zu sich zu nehmen, da die beim Abbau der Eiweißstoffe vermehrt entstehenden harnpflichtigen Substanzen ein bestimmtes Flüssigkeitsvolumen benötigen, damit sie über die Nieren ausgeschieden werden können. Für eine hohe körperliche und geistige Leistungsfähigkeit ist nicht so sehr die über ein bestimmtes Eiweißoptimum hinausgehende Eiweißmenge entscheidend, sondern vielmehr die optimale Zusammensetzung der Eiweißlieferanten in der Nahrung.

Fleisch spielt eine besondere Rolle in der Ernährung: Aggressive Sportarten brauchen Fleisch – sanfte Sportarten weniger.

Ein Wort zum Fleisch

Fleisch ist ein Stück Leben, heißt es. Doch gerade am Fleisch zeigt es sich, dass Ernährung nicht nur die Zufuhr von Nährstoffen ist; denn gerade am Fleisch scheiden sich manchmal die Geister. Rein biologisch gesehen ist Fleisch in der Ernährung eigentlich nicht notwendig, da mit der richtigen Auswahl von Eiweißträgern und ihrer optimalen Kombination miteinander eine viel höhere biologische Wertigkeit der zugeführten Eiweiße erreicht werden kann als mit Fleisch. Man könnte vielleicht anführen, dass Fleisch (italienisch: carne) Carnitin (siehe auch S. 122) enthält, das für die Einschleusung und Verbrennung von Fettsäuren in den Mitochondrien sehr wichtig ist. Normalerweise kann jedoch Carnitin beim Gesunden im Körper selbst hergestellt werden, so dass es kein essenzieller Nährstoff ist. Was hat dann das Fleisch in sich, was andere Eiweißspender nicht haben? Vielleicht ist es das Eisen, das in Form des roten Muskelfarbstoffes (Myoglobin) vor allem in rotem Fleisch reichlich vorhanden ist. Aber gerade das Eisen wird aufgrund neuerer Erkenntnisse über die Entstehung von freien Radikalen, die durch freies Eisen ganz erheblich gefördert werden, mit etwas größerer Vorsicht betrachtet (siehe auch S. 94). Daher empfiehlt man im Allgemeinen, weißes Fleisch (Geflügel, Fisch) zu bevorzugen,

das wenig Myoglobin und daher auch wenig Eisen enthält.
Darüber hinaus liefert Fleisch auch unerwünschte Begleitstoffe: tierisches Fett und Harnsäure. Da das Fleisch selbst keine Antioxidanzien enthält, neigt das in ihm enthaltene tierische Fett besonders zur Oxidation, und zwar bei der Zubereitung wie auch im Stoffwechsel – vor allem auch in Anwesenheit von Eisen. Beobachtungen weisen darauf hin, dass das Bedürfnis nach Fleisch offenbar auch durch Lebensweise und geistige Einstellung gesteuert wird. Es ist auffallend, dass es im Ausdauersport (z. B. Marathonlauf, Skilanglauf, Nordische Kombination u. a.) relativ häufig Athleten gibt, die es ohne Fleisch bis zum Olympiasieg bringen, während das bei aggressiven Sportarten (z. B. Eishockey, Fußball, Kampfsportarten u. a.) so gut wie nie der Fall ist. Radsportler, die ja an sich zu den Ausdauersportlern gehören, können in der Vorbereitungsphase im Winter und auch während des Grundlagenausdauertrainings im Frühjahr durchaus mit wenig oder auch ohne Fleisch gute Trainingsleistungen vollbringen. Jedoch scheint es in der Wettkampfperiode auch in der Ausdauersportart Radsport nicht möglich zu sein, Höchstleistungen ohne Fleisch zu erbringen. Auch im »ganz normalen Leben« sind überzeugte Vegetarier oft überrascht, dass sich bei ihnen Appetit auf Fleisch oder Fleischprodukte regt, wenn sie in Stress geraten. Sogar indische Yogis, die aus ihrer geistigen Einstellung heraus eigentlich Vegetarier sind, berichten, dass sie, wenn sie in Europa leben, vor allem in der kalten Jahreszeit manchmal Appetit auf Fleisch entwickeln. Das ist zwar alles weder biologisch noch medizinisch begründbar – aber es ist nun einmal so.

Es gibt genügend Möglichkeiten, durch richtige Kombination von Nahrungsmitteln Fleisch als Eiweißlieferant zu ersetzen.

Aus diesen Erkenntnissen und Beobachtungen könnte man folgende Konsequenzen für den Fleischkonsum ableiten:

- Eine ruhige Lebensweise in Verbindung mit moderatem Ausdauertraining erleichtert es, den Fleischappetit zu reduzieren.
- Wenn man Appetit auf Fleisch verspürt, sollte man sich eher für mageres, weißes Fleisch entscheiden (Geflügel) und auch öfter Fleisch durch Fisch ersetzen.
- Fisch hat gegenüber dem Fleisch noch den weiteren Vorteil, dass die in Fischen (vor allem in Lachs, Makrele und

Hering) enthaltenen Omega-3-Fettsäuren schützend gegen Arteriosklerose wirken, das Immunsystem unterstützen sowie geistige Leistungsfähigkeit und Stimmungslage verbessern können.

Die optimale Deckung des Eiweißbedarfs

Der Eiweißbedarf ist durch die »normale« Zivilisationskost eigentlich gedeckt. Was jedoch zu verbessern ist, ist die Auswahl und Kombination der Eiweißlieferanten. Vor allem sollte der Anteil an tierischem Protein auf maximal 40 bis 50 Prozent der Proteinzufuhr gesenkt werden, um auf diese Weise auch die Aufnahme von tierischen Fetten, Cholesterin und Harnsäure zu vermindern. Demgegenüber sollte der Anteil pflanzlicher Proteine auf über die Hälfte der Proteinzufuhr erhöht werden. Folgende Punkte sind dabei wichtig:

- Fettarme Eiweißspender bevorzugen (siehe Tabelle rechts)
- Die richtigen Eiweißspender miteinander optimal kombinieren, um eine höhere Proteinqualität mit höherer biologischer Wertigkeit zu erreichen (siehe Tab. S. 55 und 56)
- Da der Organismus Eiweiß nicht speichern kann, sollte man es in zeitlicher Nähe zur Trainingsbelastung (Krafttraining, intensives Ausdauertraining) aufnehmen: etwa zwei bis drei Stunden vor oder in den ersten sechs Stunden der Wiederherstellungsphase nach der Belastung.

Hochwertige fettarme Eiweißspender

Fettarme Milch und fettarme Milchprodukte
Magermilch, Joghurt, Käse, Quark, Hüttenkäse

Magerer Fisch
Kabeljau, Flunder, Scholle, Seezunge, Schellfisch, Heilbutt; Forelle, Rotbarsch, Steinbeißer

Fisch mit hochwertigen Fischölen
Makrele, Seelachs, Hering

Mageres Fleisch
Geflügel, Kalb, Rind, Hase, Reh, anderes Wild

Eier
Eiklar des Volleies (Eigelb ist fettreich)

Hülsenfrüchte
Erbsen, Bohnen, Linsen; Sojabohnen

Hochwertige eiweißreiche und gleichzeitig fettarme Eiweißspender

Hirnaktive Aminosäuren

Schon lange ist es bekannt, dass eine erhöhte Eiweißzufuhr Konzentration und geistige Leistungsfähigkeit zu steigern vermag. Im Sport werden durch Eiweißzulagen Leistungsbereitschaft und die Fähigkeit zu konzentrativen Höchstleistungen (Schnellkraft, Sprint u. a.) gestei-

Fisch und Meeresfrüchte sind sehr hochwertige Eiweißlieferanten.

gert. Neuere Untersuchungen konnten zeigen, dass sich vor allem vier Aminosäuren besonders positiv auf die Hirnfunktion auswirken, nämlich Tryptophan, Phenylalanin, Arginin und Lysin, und zwar durch direktes Eingreifen in den Hirnstoffwechsel und indirekt durch den Aufbau wichtiger Hormone, die die Stimmungslage und geistige Leistungsfähigkeit verbessern.

Tryptophan

Tryptophan ist die Ausgangssubstanz für Serotonin und Melatonin.
Serotonin ist eine der wichtigsten Überträgersubstanzen im Gehirn und verbessert vor allem die Stimmungslage des Menschen. Ein hoher Serotoningehalt des Gehirns macht gute Laune und steigert das Selbstbewusstsein. Deswegen wird Serotonin manchmal auch als »Chefhormon« bezeichnet. Dieses »Chefhormon« wird jedoch nicht allein durch Zufuhr von Tryptophan gebildet, sondern muss mit der inneren geistigen Einstellung eines »Chefs« verbunden sein. Dann allerdings kann die Zufuhr von Tryptophan die Bildung von Serotonin im Gehirn fördern.

Das Gehirn des Menschen ist »sich selbst bewusster Geist« – und das größte Wunder im uns bekannten Universum. (nach W. Hollmann)

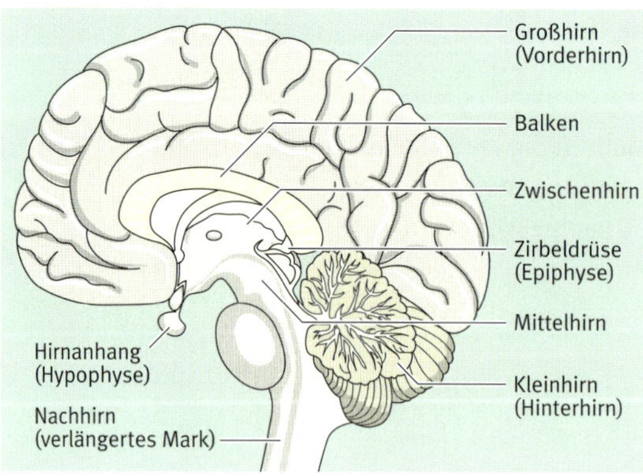

Melatonin wird in der Zirbeldrüse gebildet. Eigentlich rückte diese geheimnisvolle Drüse, die in der Mitte des Gehirns liegt, erst durch die Entdeckung dieses Melatonins in den Vordergrund. Bis dahin war diese Drüse medizinisch unerforscht und auch einigermaßen uninteressant. Wenn man jedoch weiß, dass z. B. in der uralten Yoga-Wissenschaft die Zirbeldrüse als der Sitz des »Geistigen« oder »Dritten Auges« angesehen wird, ist man doch erstaunt; denn es gibt nur zwei Orte, an denen Melatonin gebildet wird: im »Geistigen Auge« (Zirbeldrüse) und in den »Physischen Augen« (Netzhaut). Melatonin wird vor allem nachts im Schlaf gebildet. Deswegen wird es auch als »Gute-Nacht-Hormon« bezeichnet. Wenn man es richtig betrachtet, wird der Mensch durch die Zirbeldrüse in die Rhythmen von Tag und Nacht und auch in den Rhythmus der Jahreszeiten integriert. Wegen seiner Fähigkeit, Radikale zu fangen, wird Melatonin auch als »Anti-Aging-Hormon« bezeichnet, weil es möglicherweise die Alterung des Menschen verzögert.

Phenylalanin

Aus Phenylalanin werden die so genannten »Glückshormone« Noradrenalin, ACTH (= Adrenocorticotropes Hormon = die Nebennierenrinde anregendes Hormon) und Endorphine gebildet. Wenn man die Wirkungen dieser Hormone auf das Gehirn des Menschen etwas salopp umschreiben möchte, könnte man sagen: Noradrenalin macht optimistisch (obwohl es eigentlich ein Kreislaufhormon ist), ACTH macht kreativ (obwohl es eigentlich die Nebennieren anregt) und Endorphine machen euphorisch, weil man sich durch sie wohl fühlt und weniger Schmerzen empfindet. Und da Optimismus, Kreativität und Euphorie Ausdrucksformen von Glück sind, haben diese Hormone die Bezeichnung »Glückshormone« erhalten.

Arginin und Lysin

Diese beiden Aminosäuren sind die Grundbausteine für das Wachstumshormon, das als Jungbrunnen gilt, weil es u.a. den Menschen wieder jünger erscheinen und sich auch so fühlen lässt. Durch das Wachstumshormon wird die Haut glatter, die Muskelmasse nimmt zu, das Körperfett wird weniger, die Fettverbrennung wird verbessert, die inneren Organe werden gekräftigt und manche Untersuchungen deuten daraufhin, dass auch eine bereits bestehende Arteriosklerose bis zu einem gewissen Grad wieder zurückgebildet werden kann. Es ist deswegen kein Wunder, dass aus diesen Gründen vor allem das Wachstumshormon neben dem Melatonin zu den Anti-Aging-Hormonen gezählt wird. Das Wachstumshormon wird wie das Melatonin nachts gebildet.

Tipp:

Da der natürliche Weg immer der bessere ist, sollte man diese Erkenntnisse intelligent umsetzen – ohne künstlich von außen in das komplizierte und harmonische Gefüge der körpereigenen Hormone einzugreifen. Das geht auf einfache Weise, wenn man diese hochwertigen Aminosäuren mit einem Trick über den Insulinmechanismus (siehe S. 105) zur richtigen Tageszeit in die Gehirnzellen hineinschleust:

- Morgens ist die Zeit günstig, um Serotonin zu bilden. Das wird gefördert, wenn man mageres Eiweiß (z.B. Hüttenkäse, Magerquark) mit etwas »Süßem« (z.B. Honig, Marmelade) kombiniert. Auch Obstsalat mit Quark ist eine im Sport beliebte und bewährte Mischung.
- Abends ist die Zeit günstig, um in der Nacht Melatonin und Wachstumshormon zu bilden. Als »Betthupferl« könnte man dies wieder durch eine Portion mageres Eiweiß (z.B. Hüttenkäse, Magerquark, magerer Käse, Fisch) in Kombination mit etwas »Süßem« (z.B. Weintrauben, anderes süßes Obst – oder ausnahmsweise auch eine Praline) fördern. Mehr Süßigkeiten sollte man abends nicht zu sich nehmen, weil sonst zu viel Insulin gebildet wird.

Also: Ein bisschen Insulin nützt, um die Aminosäuren in die Zellen hineinzutransportieren – zu viel Insulin schadet, weil es u.a. die Bildung von Wachstumshormon hemmt und den Fettansatz fördert.

Optimale Nährstoff-relation

Die Hauptnährstoffe Kohlenhydrate, Fette und Eiweiß haben jeweils eine spezifische Bedeutung im Energiestoffwechsel und für die Gesundheit des Menschen ganz allgemein. Um die Zivilisationskost in eine gesundheitlich hochwertige Leistungskost umzuwandeln, sind vor allem folgende Schritte notwendig:

Richtig dosiertes Training und bedarfsangepasste Ernährung bringen den größten Nutzen.

Die optimale Nähstoffrelation hängt vor allem von der Qualität und Intensität der Belastung ab.

Die optimale Nährstoffrelation

	Ausdauertraining	Krafttraining
Kohlenhydrate	55–60 kcal%	45–55 kcal%
Fette	25–30 kcal%	30–35 kcal%
Eiweiß	12–15 kcal%	15–20 kcal%

- Reduktion des Fettanteils in der Nahrung auf 30 kcal% oder darunter
- Reduktion tierischer Fette zugunsten von pflanzlichen Ölen
- Aufrechterhaltung des Eiweißanteils von 10 bis 15 kcal%
- Verbesserung der Eiweißqualität durch Auswahl magerer und Kombination sich gegenseitig aufwertender Eiweißspender
- Erhöhung des Eiweißanteils bei kraftbetonten Trainingseinheiten und bei Ausdauertraining mit hoher Intensität und/oder großem Umfang
- Auffüllung der durch Einsparung von Fetten entstandenen »Lücke« durch vollwertige Kohlenhydrate mit niedrigem Glykämischen Index, so dass der Kohlenhydratanteil ca. 50 bis 60 kcal% beträgt.

Merke: Von der fettarmen Ernährung des Breiten- und Gesundheitssportlers zu unterscheiden ist die große Bedeutung des Fettstoffwechsels, der durch moderates Ausdauertraining (Grundlagenausdauer) in Kombination mit knapper Ernährung am besten trainiert wird.

Vitamine

Allgemeine Bedeutung

Vita heißt Leben – und Vitamine sind lebensnotwendig, wie schon ihr Name zum Ausdruck bringt. Da der Körper sie

nicht selbst herstellen kann (nur gewisse Anteile von Vitamin D und Vitamin K kann der Körper teilweise selbst herstellen), müssen sie durch die Nahrung zugeführt werden. Vitamine sind daher essenzielle Mikronährstoffe.
Ein großer Teil der Vitamine ist Bestandteil von Coenzymen, die im Betriebs- und Energiestoffwechsel benötigt werden. Manche der Coenzyme haben sehr komplexe, vielfältige Wirkungen, so dass auch die Funktionen der Vitamine in verschiedenste Lebensprozesse eingreifen.
Auf diese Weise beeinflussen Vitamine direkt und indirekt nicht nur den Energiestoffwechsel, sondern auch das Nervensystem, die Blutbildung, das Immunsystem und den Knochenstoffwechsel. Außerdem wirken einige Vitamine auch als Antioxidanzien.

Die Benennung der Vitamine mit Buchstaben hat historische Gründe. Die nach der Aufgabe dieses Klassifizierungssystems gefundenen Vitamine werden nur mit ihrem chemischen Namen bezeichnet. Nach ihrer Löslichkeit unterscheidet man wasserlösliche (C, B_1, B_2, B_6, B_{12}, Biotin, Folsäure, Pantothensäure) und fettlösliche Vitamine (A, D, E, K).
Im Folgenden wollen wir uns auf die wichtigsten Vitaminfunktionen beschränken, die für Gesundheit und Leistungsfähigkeit wichtig sind.

Bedeutung im Belastungsstoffwechsel

Vitamine sind für den normalen Ablauf aller Stoffwechselvorgänge notwendig. Da im Sport alle Stoffwechselwege angekurbelt werden, werden auch Vitami-

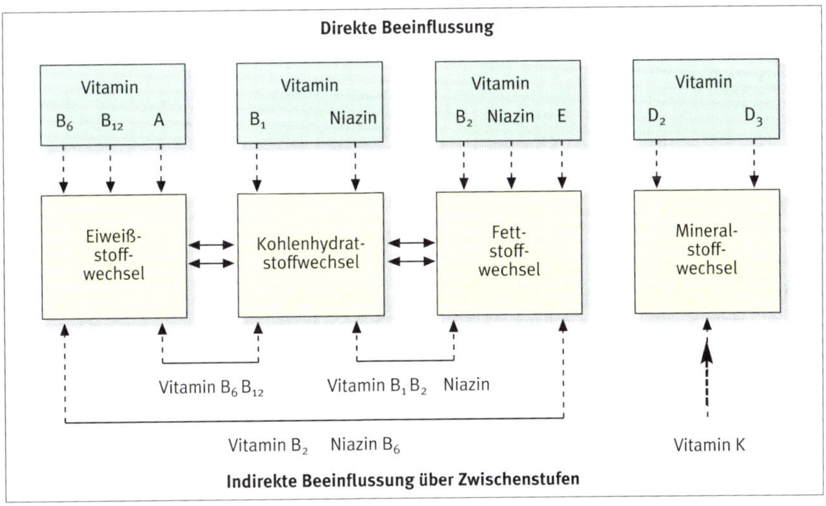

Direkter und indirekter Einfluss von Vitaminen auf die Stoffwechselwege (modifiziert nach H.-A. Ketz)

Vitamine und Körperfunktionen						
	Energiestoffwechsel	Nervensystem	Blutbildung	Immunsystem	Antioxidans	Knochenstoffwechsel
Wasserlösliche Vitamine						
Thiamin (B_1)	●	●				
Riboflavin (B_2)	●	●	(●)			
Pyridoxin (B_6)	●	●	●	●		
Folsäure		●	●			
Cyanocobalamin (B_{12})		●	●			
Niazin	●	●				
Pantothensäure	●					
Biotin (H)	●					
Ascorbinsäure (C)			(●)	●	●	
Fettlösliche Vitamine						
Retinol (A), Betacarotin				●	●	
Cholekalziferol (D)						●
Tokopherol (E)				●	●	
Phyllochinon (K)						●

Bedeutung der Vitamine für die Aufrechterhaltung verschiedener Körperfunktionen (nach A. Berg)

ne vermehrt benötigt. Umgekehrt wirkt sich ein Vitaminmangel, der schon im normalen Leben zu Müdigkeit, Leistungsunlust und Konzentrationsschwäche führt, bei der zusätzlichen Beanspruchung fast aller Stoffwechselwege erst recht leistungsmindernd aus. Diese Leistungsminderung kann durch Normalisierung der Vitaminzufuhr, am besten durch Nahrungsmittel hoher Nährstoffdichte, wieder ausgeglichen werden, was zunächst als Leistungssteigerung empfunden werden kann. Zusätzliche Gaben hoher Vitamindosen über den Ausgleich eines Vitaminmangels hinaus haben jedoch keinen weiteren leistungssteigernden Effekt. Andererseits kann man Vitamine auch nicht überdosieren, zumindest nicht die wasserlöslichen. Überdosierungen gibt es nur bei den fettlöslichen Vitaminen A und D, wobei es dann sogar zu Vergiftungserscheinungen kommen kann.

Die normalerweise für Vitamine empfohlenen täglichen Dosierungen (Empfehllungen, Schätzwerte, Richtwerte) beru-

hen auf dem Bestreben, einen Mangel zu vermeiden und dabei auf der sicheren Seite zu sein. Es kann jedoch sein, dass manche Vitamine in höherer Dosierung nicht nur einen Mangel vermeiden, sondern einen eigenen präventiven Schutz aufbauen können. Das ist zum Beispiel bei den antioxidativen Vitaminen der Fall, die einen Schutz gegen freie Radikale aufbauen können – aber nur in einer etwas höheren Dosierung.
Da im Sport nicht nur alle Stoffwechselwege aktiviert werden, sondern auch ein erhöhter antioxidativer Schutz notwendig ist, kann man davon ausgehen, dass der Vitaminbedarf eines sportlich aktiven Menschen ansteigt. Welche Vitamine in welcher Dosierung vermehrt gebraucht werden, hängt von der Sportart (vor allem von den Beanspruchungsformen Kraft oder Ausdauer) sowie von Intensität und Umfang ab, mit dem sie betrieben wird. So kann es durchaus sein, dass sich der Vitaminbedarf eines Sportlers gegenüber dem eines Nicht-Sportlers verdoppelt bis verdreifacht (siehe Tab. unten).

Antioxidative Wirkungen

Eine wichtige Rolle einiger Vitamine besteht in ihrer Fähigkeit, freie Radikale abzufangen, die ansonsten wichtige Strukturen des Organismus durch Oxidation schädigen würden, z. B. Lipide und Lipoproteine – wobei besonders die Oxidation des LDL-Cholesterins (siehe S. 43 ff.) zu erwähnen ist. Aber auch Zellmembranen, Proteine, Enzyme und insbesondere auch die Erbsubstanz selbst (DNS) können durch freie Radikale geschädigt werden (siehe auch S. 90 ff.). Dazu kommt noch, dass bei der oxidativen Energiegewinnung in den Mitochondrien immer ein gewisser Prozentsatz (2–3 %) an freien Sauerstoffradikalen

Vitaminbedarf für Nichtsportler und Sportler

Vtamine	Nichtsportler	Ausdauersportler	Kraftsportler
B_1 (Thiamin)	1,2–1,4 mg	2–4 mg	2–4 mg
B_2 (Riboflavin)	1,2–1,6 mg	2–6 mg	2–8 mg
Niacin	15–18 mg	20–30 mg	30–40 mg
B_6 (Pyridoxin)	1,4–1,6 mg	2–6 mg	4–12 mg
Folsäure	400–600 µg	600–800 µg	600–800 µg
B_{12} (Cobalamin)	3–4 µg	4–6 µg	4–6 µg
C (Ascorbinsäure)	100 mg	150–500 mg	150–500 mg
E (Tocopherol)	12–15 mg	20–100 mg (?)	50–200 mg (?)

Durchschnittlicher Vitaminbedarf für Nichtsportler und Sportler mit ausdauerbetonten oder kraftbetonten Trainingsabschnitten (nach Literaturangaben)

anfällt. Das bedeutet, dass bei sportlicher Aktivität nicht nur vermehrt Sauerstoff im Körper aufgenommen wird, sondern dass er auch mehr freie Sauerstoffradikale erzeugt, gegen die er sich allerdings durch allmählichen Aufbau enzymatischer antioxidativer Schutzsysteme schützt (siehe S. 93).

Bis es so weit ist, oder wenn diese Schutzsysteme überfordert sind, sind Antioxidanzien in der Lage, die überschießende Bildung freier Radikale, die man oxidativen Stress nennt, zu verhindern, die durch freie Radikale ausgelösten Kettenreaktionen zu unterbrechen und die antioxidativen Schutzsysteme des Körpers zu unterstützen.

Antioxidativ wirkende Vitamine, vor allem die Vitamine C und E sowie das Betacarotin nehmen den Kampf gegen freie Radikale auf.

Zu den antioxidativ wirkenden Vitaminen gehören vor allem die Vitamine C und E, das Betacarotin, das auch als Provitamin A bezeichnet wird, sowie auch die Vitamine B_1, B_6 und die Pantothensäure. Zusammen mit bestimmten Spurenelementen (vor allem Selen, Zink, Kupfer und Mangan) und anderen Schutzstoffen (wie die sekundären Pflanzenstoffe) verhindern diese Vitamine eine erhöhte Bildung freier Radikale und fangen bereits entstandene freie Radikale ab, die ansonsten die Zellen schädigen würden. Auf diese Weise wirken Antioxidanzien vorbeugend gegen Arteriosklerose, gegen vorzeitige Alterung und vermutlich sogar gegen die Entstehung bestimmter Krebsarten. Besonders für sportlich aktive Menschen wichtig ist auch die Tatsache, dass Antioxidanzien auf diese Weise Heilungsvorgänge nach Verletzungen fördern sowie Gelenk- und Sehnenbeschwerden lindern können.

Vitamin B_1 (Thiamin)

Vitamin B_1 ist besonders als Coenzym im Kohlenhydratstoffwechsel wichtig – aber auch im Energiestoffwechsel der Fette und bei der Verbrennung des Alkohols. Auch für die Funktion der Nervenfasern ist Vitamin B_1 sehr wichtig. Bei einem erhöhten Alkoholgenuss steigt der Bedarf an Vitamin B_1 an, so dass es zu Störungen im Energiestoffwechsel (vor allem des Herzens) und der Nervenleitung kommen kann. Im Kohlenhydratstoff-

wechsel ist Vitamin B_1 deswegen von größter Bedeutung, weil es als Coenzym den Übergang der anaeroben Glykolyse (Glukoseabbau ohne Sauerstoff) in den aeroben Abbau (mit Sauerstoff) der Kohlenhydrate fördert. Bei Vitamin-B_1-Mangel reichert sich Brenztraubensäure und Milchsäure in den Geweben und Körperflüssigkeiten an, so dass die körperliche und auch geistige Leistungsfähigkeit herabgesetzt werden kann.
Die starke Beanspruchung des Kohlenhydratstoffwechsels bei Sportlern, besonders durch intensive Ausdauerbelastungen, hat einen besonders hohen Bedarf an Thiamin zur Folge. Während für den Nichtsportler die Empfehlungen für die tägliche Zufuhr bei 1,2 bis 1,4 Milligramm liegen, benötigt der Sportler etwa 2 bis 4 Milligramm Thiamin pro Tag, da er zusätzlich dieses Vitamin auch im Schweiß verliert.
Vitamin B_1-Lieferanten sind vor allem Weizenkeime, Getreidekörner und Vollkornprodukte, Haferflocken, Naturreis, Hülsenfrüchte, Kartoffeln, Milch und Fleisch, wobei zu beachten ist, dass ein großer Teil des Vitamin B_1 beim Erhitzen verloren geht (siehe auch Tab. rechts).
Mangelerscheinungen zeigen sich bei Sportlern in Störungen der Muskel- und Herzfunktion sowie des Nervensystems mit Müdigkeit, Trainingsunlust, Muskel- und Nervenschmerzen. Wenn man zu viele leere Kalorienträger wie Zucker, Süßigkeiten und Weißmehlprodukte zu sich nimmt, kann ein Vitamin-B_1-Mangel auftreten. In diesem Fall kann man die Nahrung mit Hefeflocken oder Weizenkeimen in Bezug auf das Vitamin B_1 aufwerten, bevor man zu Vitaminpillen greift.

Vitamin B_1 (Thiamin)
Nahrungsmittel mit hohem Gehalt
Hafer, Haferflocken
Getreidevollkorn, Naturreis
Erbsen, Bohnen, Linsen
Sesam, Pinienkerne, Paranuss, Erdnüsse, Pistazien, Cashew
Fleisch
Eigelb
Zur Nahrungsaufwertung
Hefeflocken, Weizenkeime

Vitamin B1 ist ein wichtiges »Sportlervitamin«. Es spielt eine bedeutende Rolle im Energiestoffwechsel der Kohlenhydrate und als »Nervenvitamin«.

Vitamin B_2 (Riboflavin)

Vitamin B_2 ist als Bestandteil des gelben Atmungsfermentes am Energiestoffwechsel der Mitochondrien beteiligt, ist wichtig für die Aktivität von Enzymen beim Abbau des Glykogens und der Glukose, im Stoffwechsel der Aminosäuren und des neuromuskulären Systems.
Auch an der Wiederherstellung einer wichtigen Substanz (Glutathion) des körpereigenen antioxidativen Schutzsystems ist Vitamin B_2 beteiligt. Obwohl Riboflavin vielfältige Funktionen ausübt, gibt es kaum Hinweise auf Mangelerscheinungen. Die empfohlene tägliche Zufuhr liegt bei 0,6 Milligramm Vitamin

Links: Vitamin B_2 ist als Bestandteil des »gelben Atmungsfermentes« für den Energiestoffwechsel in den Mitochondrien wichtig.

Rechts: Vitamin B_6 wird vor allem bei erhöhter Proteinzufuhr, Krafttraining und intensiven Ausdauerbelastungen vermehrt benötigt.

Vitamin B_2 (Riboflavin)
Nahrungsmittel mit hohem Gehalt
Milch, Milchprodukte, Käse
Eier
Leber
Fisch
Spargel, Broccoli, Spinat, Avocado
Obst
Getreide
Nüsse
Zur Nahrungsaufwertung
Hefe und Hefeflocken

Vitamin B_6 (Pyridoxin)
Nahrungsmittel mit hohem Gehalt
Geflügel
Fisch
Leber
Getreide, Vollkornflocken, Vollkornbrot
Bohnen, Mais, Broccoli
Vollkornreis
Walnüsse, Erdnüsse
Avocado
Milch, Milchprodukte

B_2 pro 1000 Kalorien, was einem Tagesbedarf von 1,2 bis 1,6 Milligramm, im Leistungs- und Hochleistungssport von 2 bis 8 Milligramm entspricht.

Vitamin B_6 (Pyridoxin)

Vitamin B_6 spielt eine wichtige Rolle im Eiweißstoffwechsel. Es wird daher angenommen, dass dieses Vitamin immer dann, wenn der Eiweißstoffwechsel besonders gefordert wird, eine wichtige Bedeutung erlangt, z. B. bei kraftbetonten Belastungen, bei hochintensiven Ausdauerbelastungen und auch bei erhöhter Proteinzufuhr. Mangel an Vitamin B_6 führt zu Störungen des Eiweißstoffwechsels, zu Wachstumsstörungen, Muskelschwund, Rückbildung der Thymusdrüse und der Keimdrüsen sowie zu Störungen des Immunsystems.
Eine unzureichende Bedarfsdeckung findet man in der Altersgruppe zwischen 20 und 50 Jahren bei 13 Prozent der Frauen (Pille!) und 10 Prozent der Männer (Alkohol!).
Es wird empfohlen, pro Gramm Protein etwa 0,016 Milligramm Vitamin B_6 zuzuführen, was etwa einer täglichen Zufuhr von 1,4 bis 1,6 Milligramm entspricht. Dieser Bedarf kann bei Kraftsportlern auf 2 bis 12 Milligramm pro Tag ansteigen. Vitamin B_6 ist vor allem in den in der Tabelle oben angegebenen Nahrungsmitteln enthalten.

Vitamin B_{12} (Cobalamin)

Vitamin B_{12} ist ein wichtiges Coenzym im Nukleinsäurestoffwechsel und hat daher eine wichtige Bedeutung im Aufbau von körpereigenen Proteinen, vor allem in der Muskulatur und bei der Blutbildung. Außerdem spielt es eine wichtige Rolle im Stoffwechsel von Aminosäuren (z. B. bei der Bildung von Methionin aus Homocystein). Vitamin B_{12} ist in tierischen Produkten wie Leber, Herz, Fleisch, Eiern, Milch und Käse enthalten. Die rein vegetarische Kost ist nahezu frei von Vitamin B_{12}. Der tägliche Bedarf ist nicht genau bekannt. Ein Mangel wird auch erst nach einer längeren Latenzzeit bemerkt, weil vor allem die Leber eine Vitamin-B_{12}-Reserve von 2000 bis 3000 Milligramm aufweist, was bei dem täglichen Bedarf von etwa 3 Milligramm lange Zeit ausreicht. Ein Vitamin-B_{12}-Mangel tritt vor allem bei Menschen auf, die sich rein vegetarisch ernähren, bei älteren Menschen mit chronischer Entzündung der Magenschleimhaut und bei Leberzirrhose. Im Sport wird Vitamin B_{12} unter der Vorstellung eingesetzt, den Muskelaufbau und die Erholung nach starken Belastungen zu fördern.

Folsäure

Folsäure ist als Coenzym im Stoffwechsel der Aminosäuren und der Nukleinsäuren (Erbsubstanz RNS und DNS) beteiligt. Sie ist wichtig für Wachstum und Zellteilung und spielt eine wichtige Rolle bei der Blutbildung im Knochenmark. Folsäure ist wichtig für den Auf- und Abbau von Eiweißstrukturen sowie vor allem auch für den Abbau von Homocystein, einem gefährlichen Risikofaktor der Arteriosklerose und damit auch von Herzinfarkt und Schlaganfall.

Folsäure
Nahrungsmittel mit hohem Gehalt
Weizenkeime
Broccoli, Endivien, Spinat
Eigelb
Rote Beete, Grünkohl, Rosenkohl
Spargel, Wirsing
Walnüsse, Erdnüsse

Folsäure ist wichtig für Wachstum und Zellteilung, Blutbildung und Immunsystem sowie für den Abbau des Arteriosklerose-Risikofaktors Homocystein.

Außerdem ist Folsäure beteiligt an der körpereigenen Produktion der Neurotransmitter Serotonin, Noradrenalin und Dopamin. Auch für das Immunsystem ist Folsäure sehr wichtig und damit ein wichtiger Bestandteil der so genannten »Immunonutrition« (siehe S. 99).
Es wird eine tägliche Zufuhr von 400 bis 600 Mikrogramm empfohlen, beim Sportler etwas höher. Diese Menge ist in der normalen Ernährung nicht enthalten, zumal ein großer Teil bei der Zubereitung (Hitze, Licht) zerstört wird. Folsäure ist vor allem in grünen Pflanzen enthalten (folium = Blatt), aber auch in Eigelb. Es empfiehlt sich also, möglichst viel grüne Blattsalate und Rohkost zu essen oder die in obiger Tabelle aufgeführten anderen Folsäurequellen zu nutzen, oder Folsäure als Nahrungsergänzung (siehe S. 120) zu sich zu nehmen, vor allem bei erhöhtem Homocysteinspiegel im Blut.

Niacin

Niacin ist der Sammelbegriff für Nikotinsäure und dessen Säureamid, das Nicotinamid. Niacin gehört zu den B-Vitaminen und ist – wie diese – Bestandteil Wasserstoff übertragender Enzyme in der inneren Zellatmung. Niacin ist direkt und indirekt an vielen Stoffwechselvorgängen beteiligt: an der anaeroben Glykolyse (dem Abbau der Glukose ohne Sauerstoff) sowie dem Zitronensäurezyklus und Stoffwechsel der Fettsäuren. Der Körper kann Niacin selbst aus der Aminosäure Tryptophan herstellen, wobei allerdings genügend Vitamin B_6 (Pyridoxin) vorhanden sein muss.

Die hauptsächlichen Niacin-Lieferanten sind Fleisch, Kartoffeln, Getreide, Käse, Gemüse und Obst. Niacin aus Mais und Weizen wird nicht ausreichend vom Körper aufgenommen. Daher trat die typische Niacin-Mangelkrankheit, die Pellagra (heißt so viel wie »rauhe Haut«), vor allem in Gebieten auf, in denen man sich einseitig von Mais ernährte.

Die Empfehlungen für die tägliche Zufuhr liegen bei 15 bis 18 Milligramm. Für Ausdauersportler werden 20 bis 30 Milligramm, für Kraft- und Schnellkraftsportler 30 bis 40 Milligramm täglich empfohlen.

Niacin ist in normaler Mischkost meist in ausreichender Menge vorhanden.

Niacin

Nahrungsmittel mit hohem Gehalt

Fleisch und Fisch

Kaffeebohnen

Gemüse (Erbsen, Bohnen, Linsen)

Getreide (Weizen, Roggen, Hafer)

Eine überhöhte Zufuhr bringt keine Leistungssteigerung, sondern es liegen im Gegenteil sogar Berichte vor, dass dadurch Langzeit-Ausdauerleistungen vermindert werden können. Dies wird damit erklärt, dass durch überhöhte Niacin-Dosierungen der Kohlenhydratstoffwechsel bevorzugt und der Fettstoffwechsel gehemmt wird, so dass die Kohlenhydratspeicher zu schnell entleert werden, was wiederum zu vorzeitiger Ermüdung bei Langzeit-Ausdauerleistungen führen kann.

Pantothensäure

Pantothensäure ist ein Bestandteil des Acetyl-Coenzym A, auch aktivierte Essigsäure genannt, eine Schlüsselsubstanz, die alle Stoffwechselwege des Kohlenhydrat-, Fett- und Aminosäurestoffwechsels in den Zitronensäurezyklus hineinschleust und der Energiegewinnung zuführt. Außerdem ist Pantothensäure ein wichtiges Antioxidans. Im Tierversuch hat sie das Leben von Labortieren verlängert. Im Sport gibt es Hinweise darauf, dass Pantothensäure die Widerstandsfähigkeit gegen kaltes Wetter erhöhen soll.

Pantothensäure ist in allen lebenden Zellen enthalten, besonders in Eigelb, Fleisch, Fisch und Gemüse. Mangelzustände sind in unseren Breiten nicht bekannt. Der tägliche Bedarf liegt vermutlich bei etwa 6 Milligramm, beim Sportler vielleicht bei 6 bis 20 Milligramm.

Eine überhöhte Zufuhr bringt keine Leistungssteigerung.

Biotin

Biotin gehört zu der Gruppe der B-Vitamine und ist ein wichtiger Bestandteil zahlreicher Enzyme (Carboxylasen), die Schlüsselfunktionen im Kohlenhydrat- und Fettstoffwechsel und im Stoffwechsel verzweigtkettiger Aminosäuren ausüben.
Biotin wird im unteren Dünndarm von Mikroorganismen und Pilzen produziert. Die Umwandlung von Biotin zum aktiven Coenzym hängt unter anderem davon ab, dass genügend Magnesium zur Verfügung steht. Als sichere Tageszufuhr für Erwachsene gelten etwa 30 bis 60 Mikrogramm. Über den Bedarf bei Sportlern oder den Nutzen einer erhöhten Zufuhr liegen keine Daten vor.

Vitamin C (Ascorbinsäure)

Vitamin C ist wahrscheinlich das bekannteste und am besten untersuchte Vitamin. Es ist wohl das wichtigste wasserlösliche Antioxidans. Vitamin C neutralisiert die zellschädigenden freien Radikale und schützt das Vitamin E, das wichtigste fettlösliche Antioxidans, vor der Oxidation. Vitamin C wirkt als Elektronen-Überträger bei zahlreichen Enzymreaktionen mit und ist am Aufbau von Bindegewebe (Kollagen) beteiligt. Außerdem wirkt Vitamin C bei der Herstellung von Carnitin mit, eine Eiweißsubstanz, die sehr wichtig für den Fett-Energiestoffwechsel im Herzmuskel und in der gesamten Arbeitsmuskulatur ist (siehe S. 122). Vitamin C fördert darüber hinaus die Aufnahme von Eisen durch den Darm und wird auch für den Aufbau einiger Hormone benötigt. Besonders angereichert befindet sich Vitamin C im Nebennierenmark, das die Stress- und Kreislaufhormone Adrenalin und Noradrenalin bildet. Am besten bekannt und diskutiert ist die Bedeutung von Vitamin C für die Funktion des Immunsystems und die Infektabwehr. Durch die Stärkung des Immunsystems und durch seine Funktion als Radikalfänger könnte Vitamin C auch vorbeugend gegen die Entstehung einiger Krebserkrankungen wirken.
Neuere Untersuchungen weisen darauf hin, dass Vitamin C auch gegen die Entstehung des Herzinfarktes vorbeugend wirksam sein könnte, wahrscheinlich weil es in seiner Funktion als Antioxi-

Vitamin C ist vor allem in Südfrüchten reichlich enthalten.

Vitamin C ist das wohl bekannteste Vitamin mit den vielseitigsten Wirkungen, vor allem als Radikalfänger und als wichtiger Wirkstoff im Immunsystem.

Vitamin C (Ascorbinsäure)

Nahrungsmittel mit hohem Gehalt

Acerolakirschen (Acerolataler), Hagebutten

Orangen, Zitronen, Grapefruit, Mandarinen, Kiwi

Schwarze Johannisbeeren, Sanddornbeeren, Erdbeeren

Obst und Obstsäfte: Zitrussäfte, schwarzer Johannisbeersaft, Traubensaft, Apfelsaft

Gemüse: Brokkoli, Grünkohl, Paprika, Kartoffeln u. a.

Frische Blattsalate

Petersilie, Meerrettich u. a.

dans die Oxidation des LDL Cholesterins verhindert und gegen Entzündungsvorgänge in den Gefäßinnenwänden wirkt. Die typische Vitamin-C-Mangelkrankheit, der Skorbut, tritt in unseren Breiten nicht mehr auf. Es kann jedoch durch einseitige Ernährung in Verbindung mit starken körperlichen Belastungen zu latenten Mangelzuständen kommen, die sich in Müdigkeit und Leistungsabfall äußern. So führt man zum Beispiel die »Frühjahrsmüdigkeit« auf Mangel an Vitamin C in den Wintermonaten, in denen man weniger frische Früchte und Gemüsearten zu sich genommen hat.
Es gibt auch einige Anhaltspunkte dafür, dass Vitamin C die Geschwindigkeit der Anpassung an große Hitze und auch große Höhe fördern kann. Von dieser Eigenschaft könnten Sportler profitieren, die an Ausdauerwettkämpfen in heißen Ländern oder in großer Höhe teilnehmen wollen oder sich im Höhentraining befinden.
Vitamin C ist besonders reichlich in Acerolakirschen, Hagebutten, Sanddornbeeren, schwarzen Johannisbeeren, Kiwis, Zitrusfrüchten (Orangen, Zitronen, Grapefruit), Obst, Beeren und Gemüse enthalten (siehe Tabelle).
Die Empfehlung für die tägliche Zufuhr liegt bei 100 Milligramm pro Tag. Für Sportler, die auch Vitamin C im Schweiß verlieren, werden bis zu 500 Milligramm pro Tag oder mehr empfohlen. Bei einer ausgeglichenen Vitamin-C-Bilanz führen höhere Vitamin-C-Dosierungen zu keiner Leistungssteigerung. Bei Höhentraining könnte eine zusätzliche Vitamin-C-Gabe von täglich ein bis zwei Gramm sinnvoll sein. Dosiserhöhungen auf über vier Gramm pro Tag scheinen jedoch über Veränderungen des Redoxpotenzials der Zellen zu einem unerwünschten Mehrverbrauch von Sauerstoff zu führen.

Vitamin A (Retinol)

Bereits 1500 Jahre vor Christus wurde in China die Verwendung von Leber zur Behandlung der Nachtblindheit empfohlen. Seitdem gab es eine Vielzahl von Mitteilungen über die Wirkung von Leber, dem Hauptspeicherorgan für Vitamin A, bei unterschiedlichen Augenerkrankungen. Aber über diese, seine bekannteste Wir-

kung hinaus ist Vitamin A für das Wachstum, das Immunsystem und die Entwicklung von Zellen und Geweben unterschiedlichster Art von wesentlicher Bedeutung. In Form der Retinsäure reguliert es das Wachstum und den Aufbau von Haut und Schleimhäuten. Auch bei der Ausreifung der Samenzellen (Spermatogenese) spielt Vitamin A eine wichtige Rolle.
Vitamin A kommt vor allem in Leber, aber auch in Fisch, Eiern, Milch und Fleisch vor. Meist wird es jedoch aus seiner Vorstufe, dem Betacarotin (auch Provitamin A genannt, siehe S. unten), nach Bedarf gebildet. Betacarotin ist in pflanzlichen Nahrungsmitteln (z. B. Karotten, Tomaten, Aprikosen) enthalten. Bei gemischter Kost ist die Versorgung mit Vitamin A bei gesunden Personen kein Problem. Der normale Tagesbedarf wird mit etwa 0,6 bis 1 Milligramm pro Tag angegeben, was etwa 2000 bis 3000 IE (Internationale Einheiten) entspricht. Im Sport gibt es keine Hinweise für einen erhöhten Bedarf, jedoch wäre es denkbar, dass der Bedarf an Vitamin A und Betacarotin wegen ihrer antioxidativen Eigenschaften ansteigt, vor allem auch bei erhöhter Ozonbelastung. Als unbedenkliche obere Zufuhrmengen gelten für den Erwachsenen bis zu 3 Milligramm (entsprechend 10 000 IE) Vitamin A pro Tag. Bei höheren Dosierungen kann es jedoch zu Vergiftungserscheinungen kommen.

Betacarotin (Provitamin A)

Betacarotin gehört zu der Gruppe der Carotinoide, einer wichtigen Gruppe der sekundären Pflanzenstoffe (siehe S. 78),

Bei der Anpassung an große Höhe und bei erhöhter Ozonbelastung sind die Vitamine, die als Radikalfänger wirken (Vitamine A, C, E und Betacarotin) wichtig.

Karotten (Möhren) sind reich an Carotinoiden und Ballaststoffen.

und erfüllt im Wesentlichen zwei Funktionen:

➤ Aus Betacarotin (Provitamin A) kann im Körper nach Bedarf Vitamin A gebildet werden.

➤ Als antioxidative Substanz (siehe auch S. 93) kann Betacarotin, wie alle anderen Carotinoide, vor oxidativen Schäden schützen.

Durch bisher vorliegende Studien wird immer wahrscheinlicher, dass Carotinoide das Risiko vermindern können, an Lungen-, Speiseröhren- oder Magenkrebs zu erkranken. Möglicherweise sind Carotinoide auch gegen andere Krebserkrankungen präventiv wirksam, was unter anderem auf die antioxidativen Wirkungen der Carotinoide zurückzuführen ist.

Betacarotin kommt neben anderen Pflanzenfarbstoffen in fast allen pflanzlichen Lebensmitteln vor, besonders aber in Karotten, Tomaten und Aprikosen (siehe Tabelle), in allen gelb bis orange gefärbten Früchten und Gemüsen sowie auch in intensiv grün gefärbten Gemüsen (wie Spinat, Grünkohl, grüne Bohnen, Brokkoli, Feldsalat). Aus Karotten wird Betacarotin vom Körper besser aufgenommen, wenn diese in etwas Fett (pflanzlichen Ölen, Butter) gedünstet oder als Saft mit etwas Öl oder Sahne zu sich genommen wird, weil Betacarotin fettlöslich ist.

Der tägliche Bedarf an Betacarotin wird auf 2 bis 6 Milligramm geschätzt. Bei sportlicher Aktivität und zur Krebsprävention könnten etwas höhere Dosierungen erforderlich sein. Wichtig ist jedoch zu wissen, dass gerade beim Betacarotin die Zufuhr künstlicher Präparate nicht zu empfehlen ist, weil sie aufgrund ihrer unnatürlichen Zusammensetzungen vermutlich das Gleichgewicht der zahlreichen Carotinoide im Körper stört. Daher sollte man gerade beim Betacaro-

Carotinoide sind wichtige sekundäre Pflanzenstoffe, die man durch Medikamente nicht ersetzen kann.

Betacarotin (Provitamin A)
Nahrungsmittel mit hohem Gehalt
Karotten
Tomaten
Aprikosen
Hagebutten
Spinat, Rote Beete, Grünkohl, Broccoli, Fenchel, Feldsalat, Mangold, Endiviensalat
Honigmelone, Mango, Kaki, Kürbis

tin die natürlichen Nahrungsmittel (siehe Tab. S. 74) bevorzugen.

Vitamin D (Calciferol)

Die Vitamin-D-Gruppe besteht aus mehreren biologischen Wirkstoffen, die man als Calciferole bezeichnet. Man unterscheidet zwischen dem pflanzlichen Ergocalciferol (Vitamin D_2) und dem in tierischen Lebensmitteln vorkommenden Cholecalciferol (Vitamin D_3). Der Körper kann Vitamin D_3 in der Haut mit Hilfe von Sonnenlicht (UV-Licht) aus Vorstufen selbst herstellen.
Vitamin D ist für die Regulation des Kalzium- und Phosphatstoffwechsels erforderlich. Insbesondere fördert es die Aufnahme von Kalzium durch den Darm und seinen Einbau in die Knochen.
Vitamin D ist vor allem in Lebertran, Fettfischen (Hering, Makrele), Leber, Margarine (die mit Vitamin D angereichert ist) und Eigelb sowie auch in geringen Mengen in der Milch enthalten. Der größte Teil von Vitamin D wird mit Hilfe von Sonnenlicht in der Haut aus Vorstufen hergestellt, so dass die Versorgung mit Vitamin D von der Aufenthaltsdauer im Freien und von der Sonneneinstrahlung abhängt.
Der tägliche Bedarf für Kinder und Erwachsene wird mit 5 Mikrogramm (entsprechend 200 Internationalen Einheiten), für Säuglinge bis zum Alter von 12 Monaten und für Senioren über 65 Jahren mit 10 Mikrogramm (entsprechend 400 Internationalen Einheiten) angegeben. Ein erhöhter Bedarf für Sportler ist nicht bekannt. Eine tägliche Vitamin-D-Zufuhr bis zu 50 Mikrogramm (2000 Internationalen Einheiten) kann für Erwachsenen als unbedenklich angesehen werden.

Vitamin E (Tokopherol)

Vitamin E wirkt als wichtiges fettlösliches Antioxidans und schützt vor allem die lipidhaltigen Zellmembranen vor oxidativer Schädigung durch freie Radikale (siehe auch S. 90 ff.). Außer dieser Funktion hat Vitamin E noch viele andere Stoffwechselfunktionen, die aber noch nicht alle erforscht sind. Vitamin E schützt auch die Fette vor der Oxidation, vor allem die ungesättigten Fette mit ihren vielen Doppelbindungen. Deswegen

Vitamin E ist ein Engpass in der Zivilisationskost und sollte möglichst aus natürlichen Quellen stammen, weil es eine ganze Reihe von verschiedenen E-Vitaminen (Tokopherole) gibt, die im richtigen Verhältnis zueinander zugeführt werden sollten, damit sie ihre optimale Wirkung entfalten. Das ist bei Nahrungsmitteln, die reich an Vitamin E sind, am ehesten der Fall.

Vitamin E (Tokopherol)

Nahrungsmittel mit hohem Gehalt

Pflanzliche Öle: Weizenkeimöl, Olivenöl, Rapsöl, Maiskeimöl, Sonnenblumenöl, Safloröl, Sojaöl, Erdnussöl

Weizenkeime

Sojabohnen, Erbsen

Nüsse: Sonnenblumenkerne, Mandeln, Haselnüsse, Erdnüsse, Walnüsse

Getreidevollkorn und Vollkornprodukte

Getreideflocken

Naturreis und Parboiled-Reis

steigt der Vitamin-E-Bedarf mit zunehmendem Fettverbrauch in der Nahrung an. Außerdem gibt es Untersuchungen, die darauf hinweisen, dass Vitamin E die Zellen vor Sauerstoffmangel bis zu einem gewissen Grade schützen kann. Das könnte vielleicht bei Durchblutungsstörungen und Sauerstoffmangel des Herzmuskels von Bedeutung sein. Durch seine Funktion als Radikalfänger könnte Vitamin E auch lindernd bei rheumatischen Beschwerden wirken, weil diese oft durch freie Radikale verursacht oder verstärkt werden.

Ein Mangel an Vitamin E wirkt sich besonders in Störungen der Muskelfunktion und der Fortpflanzungsfähigkeit aus. Eindeutige Ausfallserscheinungen beim Menschen sind jedoch nicht bekannt. Beim Sportler könnte Vitamin E eine bessere Sauerstoffversorgung und einen gewissen Schutz gegen eine erhöhte Verletzungsanfälligkeit des Bindegewebes bedeuten.

Vitamin E ist besonders in pflanzlichen Ölen (Weizenkeimöl, Olivenöl, Rapsöl) und in Weizenkeimen enthalten.

Vitamin E ist besonders in pflanzlichen Ölen enthalten, vor allem in Weizenkeimöl, Rapsöl, Olivenöl und Sonnenblumenöl, in Weizenkeimen, Getreidekörnern, Haferflocken, Naturreis, Sojabohnen, Nüssen und Eiern.

Schätzungen für eine angemessene Zufuhr liegen bei 12 bis 15 Milligramm pro Tag. Bei Risikogruppen wie Rauchern oder Personen mit starker oxidativer Belastung und durch Umweltgifte oder mit physischem oder psychischem Stress können bis 100 Milligramm pro Tag als primärpräventive Maßnahme empfohlen werden. Für Sportler sind keine Bedarfszahlen bekannt. Man nimmt jedoch an, dass eine Zufuhr von 20 bis 100 oder 200 Milligramm pro Tag angemessen sein müsste. Höhere Dosierungen bringen keine Leistungssteigerung. Vitamindosierungen bis zu 100 Milligramm pro Tag gelten noch als physiologisch, wobei auch Dosierungen von 100 bis 300 Milligramm keine Nebenwirkungen hervorrufen. Selbst in Dosierungen bis 1000 Milligramm, also fast dem hundertfachen der Empfehlungen für die tägliche Zufuhr, wurden keine unerwünschten Wirkungen beschrieben. Dennoch hat man sich geeinigt, dass eine Langzeitanwendung über 400 Milligramm pro Tag nur in begründeten Ausnahmen eingesetzt werden sollte.

Vitamin K (Phyllochinon)

Es gibt verschiedene Arten von Vitamin K. Die fettlöslichen K-Vitamine werden im Darm unter Vermittlung der Gallensäuren aufgenommen und in der Leber gespeichert. Vitamin K_1 kommt vor allem in grünen Gemüsen (30–800 µg/100 g), Sauerkraut (1540 µg/100 g!) und in den verschiedenen Kohlsorten vor. Außerdem bilden im Dickdarm natürlich vorkommende Bakterien beträchtliche Mengen an Vitamin K_2. Als tägliche Dosis für Erwachsene werden 60 bis 80 Mikrogramm angegeben. Vitamin K ist für eine normale Blutgerinnung notwendig. Vitamin K fördert außerdem die Bildung weiterer Proteine, die im Knochen, in den Nieren und sogar im Gehirn wirksam sind. Bei normaler Ernährung und gesunder Leber tritt kein Vitamin-K-Mangel auf. Erhöhte Dosierungen bis zum 500-fachen des geschätzten Tagesbedarfes haben keine giftigen Wirkungen gezeigt. Im Sport ist kein erhöhter Vitamin-K-Bedarf beschrieben.

Frische Früchte und Gemüse versorgen uns reichlich mit Vitaminen und sekundären Pflanzenstoffen.

Sekundäre Pflanzenstoffe

Auf die Gruppe der sekundären Pflanzenstoffe wurde man erst in den letzten Jahren so richtig aufmerksam. Vor allem die Erkenntnis über die vorbeugenden Wirkungen des Rotweins (siehe auch S. 94) gegen Arteriosklerose und verschiedene Krebserkrankungen machte auf die äußerst wichtigen Wirkungen der sekundären Pflanzenstoffe aufmerksam; denn es ist nicht der Alkohol im Rotwein, der diese Wirkungen entfaltet, sondern es sind verschiedene Stoffe aus den Trauben, die vor allem die »Farbe« des Rotweins ausmachen.

Für einige sekundäre Pflanzenstoffe gibt es inzwischen eindeutige Messwerte von Konzentrationen im Blutplasma, die mit einem verminderten Risiko für Tumorerkrankungen und Herz-Kreislauf-Erkrankungen einhergehen. Jedoch reichen diese Erkenntnisse noch nicht aus, um verlässliche Schätzwerte für die zu empfehlende tägliche Zufuhr anzugeben. Der erste sekundäre Pflanzenstoff, für den es seit längerer Zeit einen Schätzwert für die tägliche Zufuhr gibt, ist das Betacarotin (siehe S. 73).

Sekundäre Pflanzenstoffe lassen sich nach ihren Strukturen und ihren Funktionen in folgende Hauptgruppen einteilen:

- Carotinoide
- Phytosterine
- Glucosinolate
- Flavonoide
- Phenole
- Protease-Inhibitoren
- Monoterpene
- Phytoöstrogene
- Sulfide

Im Folgenden sollen die wichtigsten Gruppen der sekundären Pflanzenstoffe kurz skizziert werden:

Carotinoide

Im Blut können bis zu 14 verschiedene Carotinoide nachgewiesen werden, wobei das Betacarotin (Karottenfarbstoff) und das Lykopin (Tomatenfarbstoff) überwiegen. Die tägliche Zufuhr von Carotinoiden liegt bei etwa sechs Milligramm. Ein hoher Verzehr von Gemüse- und Obstarten, die reich an Carotinoiden sind (siehe Tab. S. 74), kann nach den bisher vorliegenden Studien offensichtlich das Risiko für Herz-Kreislauf-Krankheiten vermindern und vorbeugend gegen verschiedene Krebserkrankungen wirken. Als mögliche Mechanismen für diese Wirkungen werden vor allem antioxidative und immunstärkende Eigenschaften der Carotinoide diskutiert.

Phytosterine

Phytosterine kommen in Nüssen und Pflanzensamen vor und können im Darm die Resorption von Cholesterin hemmen, so dass der Cholesterinspiegel im Blut gesenkt wird.

Nahrungsmittel mit hohem Gehalt an sekundären Pflanzenstoffen								
Lebensmittel	**Carotinoide**	**Phytosterine**	**Saponine**	**Glucosinolate**	**Polyphenole**	**Terpene**	**Phytoöstrogene**	**Sulfide**
Gemüse								
Brokkoli	●		●	●	●			●
Grünkohl	●		●	●	●	●		●
Karotten	●				●	●		
Tomaten	●				●	●		
Sojabohnen		●	●				●	
Knoblauch			●	●	●	●		●
Zwiebel			●	●	●	●		●
Getreide								
Weizen		●	●		●		●	
Gerste		●	●		●		●	
Obst								
Aprikosen	●				●			
Zitronen					●	●		

Beispiele für Nahrungsmittel mit hohem Gehalt an sekundären Pflanzenstoffen

Glucosinolate

Diese Pflanzenstoffe finden sich vor allem in allen Kohlarten, Rettich und Senf. Wenn diese Stoffe im Körper abgebaut werden, entstehen daraus schwefelhaltige Verbindungen (Isothyozyanate und Indole), die es vermutlich sind, die bestimmte Krebserkrankungen verhindern und karzinogenentgiftende Enzyme aktivieren.

Flavonoide

Die Flavonoide stellen eine Gruppe von über 5000 (!) verschiedenen phenolischen Verbindungen dar, die in den meisten Pflanzen vorkommen. Sie besitzen ein besonders breites Wirkungsspektrum. Vor allem ihre antioxidative Wirkung vermag gegen Arteriosklerose und Krebsentstehung vorbeugend zu wirken. Vermutlich können Flavonoide aber auch regulierend in das Zellwachstum eingreifen und so die Krebsentstehung hemmen.
Schließlich gibt es auch Hinweise darauf, dass Flavonoide die Funktion des Immunsystems im Sinne einer Immunmodulation verbessern können (siehe S. 99).

Nahrungsmittel mit hohem Gehalt an sekundären Pflanzenstoffen, die über wichtige und sehr wirksame antioxidative Schutzstoffe verfügen und Radikalfänger sind.

Sekundäre Pflanzenstoffe

Nahrungsmittel mit hohem Gehalt

Betacarotin und Carotinoide
Karotten, Tomaten, Aprikosen, Hagebutten, Spinat, Rote Beete, Grünkohl, Broccoli, Fenchel, Feldsalat, Mangold, Endiviensalat, Honigmelone, Mango, Kaki, Kürbis

Phenole, Polyphenole, Flavone, Flavonoide, Catechine, Tannine
Schwarzer Tee, Grüner Tee, Heilkräutertees, Kakao, Kakaoprodukte, Kaffee, Rotwein, Olivenöl, Früchte, Gemüse

Anthocyane
Heidelbeeren, schwarze Holunderbeeren, schwarze Johannisbeeren, Brombeeren, blaue Traubensorten, Rotkohl

Phytoöstrogene

Phytoöstrogene werden im Körper an die gleichen Rezeptoren (Andockstellen an den Zelloberflächen) gebunden wie die körpereigenen Östrogene – allerdings mit weit geringerer Hormonwirkung. Sie sind besonders in Soja, Sojaprodukten und in Getreide enthalten. Vermutlich wirken sie vorbeugend besonders gegen hormonabhängige Krebsarten wie Brustkrebs und Prostatakrebs. Darüber hinaus scheinen Phytoöstrogene auch vorbeugend gegen Herz-Kreislauf-Erkrankungen und Osteoporose zu wirken.

Sulfide (Schwefelverbindungen)

Sulfide sind Schwefelverbindungen, wie sie z. B. als Allicin in Knoblauch und anderen Zwiebelarten vorkommen. Sie ha-

»Hitliste« tumorhemmender Nahrungsmittel mit ihren vermutlichen Wirkprinzipien.

Hitliste tumorhemmender Nahrungsmittel

Nahrungsmittel	Hemmung der Tumorbildung	Wirkung als Antioxidans	Stärkung des Immunsystems	Phytoöstrogene
Knoblauch	++++++	+++	+	+
Brokkoli	+++++	+++++	++	+
Grünkohl	++++++	+++++	++	
Tomaten	+++++	++++	++	
Soja	+++++	+++	++	++
Karotten	++++	+++	++	
Getreide	+++++	+++	+	+

ben antimikrobielle (gegen Bakterien wirkende), antikanzerogene (gegen die Krebsentstehung wirkende), antioxidative und entzündungshemmende Wirkungen. Zusätzlich gibt es Hinweise darauf, dass sie erhöhten Blutdruck senken und das Immunsystem stärken können (siehe Tab. S. 80 unten).

»Five a Day« – Fünfmal am Tag Gemüse und Obst

Obwohl man sich vielleicht noch über die Wirkungen einzelner sekundärer Pflanzenstoffe wissenschaftlich »streiten« kann, ist es inzwischen jedoch wissenschaftlich »unbestritten«, dass eine hohe Gemüse- und Obstzufuhr sehr eindeutige vorbeugende Wirkungen gegen die Entstehung von Arteriosklerose und zahlreichen Krebsarten hat. Weil eine an Gemüse und Obst reiche Ernährung außer sekundären Pflanzenstoffen auch komplexe Kohlenhydrate, Vitamine, Mineralstoffe, Spurenelemente und Ballaststoffe liefert, empfiehlt die Deutsche Gesellschaft für Ernährung (DGE) die tägliche Aufnahme von mindestens 400 Gramm Gemüse und 250 bis 300 Gramm Obst. Dabei sollten Gemüse und Obst fünfmal am Tag Bestandteil einer Mahlzeit sein. Die Empfehlungen für Gemüse sind höher (3-mal) als die für Obst (2-mal), weil die bisher vorliegenden Studien für Gemüse eine stärker schützende Wirkung als für Obst ergeben haben. Wegen der großen Zahl sekundärer Pflanzenstoffe (es gibt vielleicht an die 50000 verschiedene!) sollte die ganze Breite des Angebotes an Gemüse, Obst und Vollkornprodukten ausgenutzt werden. Auf diese Weise dürfte das Risiko für die Entstehung von Herz-Kreislauf-Erkrankungen und Krebs am ehesten vermindert werden (siehe Tab. S. 80 unten).

Wichtig für Sportler

Gerade für Sport treibende Menschen ist diese Empfehlung besonders wichtig, weil durch verstärkte körperliche Aktivität vermehrt Sauerstoff im Körper aufgenommen wird und dadurch auch vermehrt freie Sauerstoffradikale entstehen, gegen die der Körper geeignete Schutzmaßnahmen entwickeln muss, damit Sport frei von freien Radikalen ausgeübt werden kann (siehe S. 111).

Wegen der Wichtigkeit der sekundären Pflanzenstoffe sollte man sich Gemüse und Obst nicht nur nach ihrem Vitamingehalt sondern vor allem auch in möglichst vielen unterschiedlichen Farben auswählen.

Mineralstoffe

Mineralstoffe und Spurenelemente sind anorganische Stoffe, die im Körper weder produziert noch verbraucht werden. Aber da sie im Schweiß, im Urin und im Stuhl verloren gehen, müssen diese Verluste regelmäßig durch die Nahrung ausgeglichen werden. Von Mineralstoffen spricht man, wenn der tägliche Bedarf über 100 Milligramm liegt, von Spurenelementen, wenn er unter 100 Milligramm liegt.

Mineralstoffe dienen vor allem dazu, die Zellmembranen elektrisch stabil zu halten. Daher liegen sie meist als elektrisch geladene Teilchen (Ionen oder Elektrolyte) vor und sind sehr wichtig für die elektrische Reizleitung zwischen den Zellen und in den Nervenfasern. Auch regulieren sie den osmotischen Druck innerhalb und außerhalb der Körperzellen, so dass die Körperflüssigkeiten immer gleichmäßig verteilt bleiben. Schließlich unterstützen sie die Puffersysteme des Säure-Basen-Haushalts. Darüber hinaus steuern sie die Funktion von Enzymen. Außerdem sind Mineralstoffe auch fester Bestandteil harter Gewebe wie von Knochen und Zähnen.

Ein Mangel an Mineralstoffen tritt bei zu niedriger Zufuhr in der Nahrung oder erhöhter Ausscheidung im Schweiß oder bei Verlusten durch Erbrechen oder Durchfälle auf. Die für den Sportler wichtigsten Mineralstoffe sind Natrium in Form des Kochsalzes (Natriumchlorid), Kalium und Magnesium.

Flüssigkeitsverluste im Sport sind immer auch Mineralstoffverluste (vor allem von Kochsalz, Kalium und Magnesium) und sollten daher auch immer zusammen ersetzt werden.

Kochsalz (Natriumchlorid)

Natrium ist der wichtigste Mineralstoff im Flüssigkeitsraum außerhalb der Körperzellen, den man auch den extrazellulären Raum nennt. Kochsalz (Natriumchlorid) ist eine lebensnotwendige Substanz, die der Körper in einer täglichen Menge von etwa 5 Gramm unbedingt benötigt. Wie bei jeder wirksamen Substanz ist auch bei Kochsalz eine Überdosierung schädlich. Die in der Zivilisationskost enthaltenen 10 bis 15 Gramm Kochsalz pro Tag sind zu viel und können bei entsprechender Veranlagung die Entstehung eines Bluthochdrucks fördern. Ein Sportler jedoch, der täglich schweißtreibend trainiert, verliert pro Liter Schweiß etwa 2 bis 3 Gramm Kochsalz. Eigentlich wäre dann die Kochsalzbilanz durch die übliche Zivilisationskost ausgeglichen. Aber bei höheren und lang anhaltenden Schweißverlusten muss man trotzdem den Kochsalzverlust schon während der Langzeitausdauer-Belastung ergänzen, um einem Natriummangel während der Belastung vorzubeugen (siehe »Flüssigkeitsbilanz«, S. 87), der zu vorzeitigen Ermüdungserscheinungen und Muskelkrämpfen führen würde.

Kalium

Im Gegensatz zum Natrium ist Kalium der wichtigste Mineralstoff innerhalb der Zellen. Dort ist Kalium 40-mal höher konzentriert als außerhalb der Zellen. Ein ausreichender Gehalt an Kalium ist notwendig, um das elektrische Potenzial der Zellmembranen und der Muskelfasern aufrechtzuerhalten und die optimale Übertragung von Nervenimpulsen zu gewährleisten. Kalium wird zusammen mit dem Glykogen (Speicherform der Kohlenhydrate im Körper) in die Muskelfasern aufgenommen und dort gespeichert. Während der Belastung wird dieses im Glykogen gespeicherte Kalium durch den Abbau des Glykogens wieder freigesetzt. Da 1 Gramm Glykogen etwa 19,5 Milligramm Kalium bindet, strömt durch den Abbau von z. B. 300 Gramm Glykogen während der Belastung Kalium in einer Größenordnung von 5 bis 6 Gramm ins Blut. Daher ist der Kaliumgehalt des Blutes während der Belastung, trotz der Kaliumverluste im Schweiß, meist nicht erniedrigt, so lange Glykogen zur Verfügung steht. Meist ist daher

Kalium

Nahrungsmittel mit hohem Gehalt

Fleischextrakt, Tomatenmark, Kakaopulver

Trockenfrüchte: Aprikosen, Feigen, Rosinen, Pflaumen

Kartoffeln

Obst: Bananen, Aprikosen

Gemüse: Tomaten, Fenchel, Spinat

Hülsenfrüchte: Bohnen, Erbsen, Linsen

Nüsse: Pistazien, Mandeln, Haselnüsse

Kalium ist im Sport besonders wichtig für die Skelettmuskel- und Herzmuskelfunktion sowie für die Übertragung der Nervenimpulse und zur Verhütung von Muskelkrämpfen.

während der körperlichen Belastung eine zusätzliche Kaliumzufuhr nicht unbedingt erforderlich – dagegen aber nach der Belastung sehr wichtig, wenn die Glykogenspeicher wieder aufgefüllt werden und Kalium gleichzeitig mit dem Glykogen in die Muskelfasern hineinströmt.
Es wäre also wichtig darauf zu achten, nach der Belastung nicht nur kohlenhydratreiche Nahrung, sondern auch ausreichend Kalium (siehe Tab. S. 83) zuzuführen, am besten mit frischen Früchten, Trockenfrüchten oder Obstsäften. Die empfohlene tägliche Kaliumzufuhr liegt bei etwa 2 bis 4 Gramm pro Tag.

Magnesium

Magnesium wird auch als »Salz der inneren Ruhe« bezeichnet, weil es für eine normale Nervenfunktion sehr wichtig ist. Im Sport ist Magnesium außerdem von Bedeutung zur Verhütung von Muskelkrämpfen und als Enzymbestandteil im Energiestoffwechsel.

Im Körper sind etwa 20 bis 30 Gramm Magnesium vorhanden, wobei sich 40 Prozent innerhalb der Zellen, besonders in den Muskelzellen und im Herzmuskel, befinden und 60 Prozent als fester Bestandteil in den Knochen. In der Flüssigkeit außerhalb der Zellen ist nur ein Prozent des gesamten Magnesiums gelöst. Magnesium ist an Aufbau und Funktion von mindestens 300 verschiedenen Enzymen beteiligt. Das erklärt seine große Bedeutung, vor allem auch für den Energiestoffwechsel. Außerdem spielt Magnesium eine wichtige Rolle bei der neuromuskulären Funktion und bei der Erregbarkeit des Nervensystems. Daher wird Magnesium auch als »Salz der inneren Ruhe« bezeichnet.

Magnesium geht ebenfalls im Schweiß verloren und wird auch über die Nieren und den Darm ausgeschieden. Daher sind Magnesiumverluste bei Durchfallerkrankungen recht beträchtlich. Bei Ausdauersportlern wird häufig ein erniedrigter Magnesiumspiegel im Blut gemessen. Ein Mangel an Magnesium kann den Energiestoffwechsel beeinträchtigen, zu einer rascheren Ermüdung führen und Muskelkrämpfe fördern. Der tägliche Bedarf liegt bei etwa 300 bis 400 Milligramm, kann aber durch hohe Schweißverluste auf mehr als das Doppelte ansteigen. In speziellen Situationen (hochintensive Belastungen bei hoher Umgebungstemperatur, hohe

Magnesium

Nahrungsmittel mit hohem Gehalt

Kakaopulver, Fleischextrakt

Nüsse, z. B. Erdnüsse, Cashewnüsse, Mandeln, Marzipan

Hülsenfrüchte, z. B. Erbsen, Bohnen, Sojabohnen

Naturreis, Parboiled Reis

Getreidevollkorn und Vollkornprodukte, z. B. Vollkornbrot, Vollkornteigwaren, Getreideflocken (vor allem Haferflocken)

Weizenkeime

Fisch, z. B. Seezunge, Forelle, Makrele

Fleisch, z. B. Geflügel, Wild, Rind

Käse, z. B. Edamer, Gouda

Schweißverluste, Verluste durch Durchfallerkrankungen und ungenügende Zufuhr durch die Nahrung) ist eine Supplementierung durch Nahrungsergänzung zu empfehlen. Außerdem sollte man immer auf ausreichende Magnesiumzufuhr durch die Nahrung achten (siehe Tab. S. 84).

Spurenelemente

Die Bedeutung der Spurenelemente wurde erst im letzten Jahrzehnt so richtig erkannt – und die Forschung über die Spurenelemente ist noch lange nicht abgeschlossen. Die Versorgung mit Spurenelementen ist bei normaler Mischkost im Allgemeinen ausreichend – um einen Mangel zu vermeiden – aber nicht immer, um einen optimalen Schutz, vor allem gegen freie Radikale, aufzubauen. Noch dazu wenn durch körperliche Belastung ein zusätzlicher Bedarf entsteht. Die wichtigsten Spurenelemente für den Sportler sind Selen und Zink sowie Kupfer, Mangan und Eisen.

Selen

Selen ist ein wichtiger Bestandteil der antioxidativen Schutzsysteme gegen freie Radikale (siehe auch S. 93). Auch Selen selbst ist antioxidativ wirksam. Selen spielt außerdem eine sehr wichtige Rolle bei der Funktion des Immunsystems und in der Vorbeugung gegen Krebserkrankungen. Mangel an Selen kann zu Schädigungen des Muskelgewebes, vor allem auch des Herzmuskels, zu Muskelbeschwerden und Muskelschwäche führen. Im Sport kann Selen möglicherweise die belastungsinduzierte Oxidation von Fetten in den Zellmembranen verhindern und dadurch Zellschädigungen vermeiden, vor allem in der Arbeitsmuskulatur und in Geweben, die infolge der Belastung weniger durchblutet und deswegen durch »oxidativen Stress« besonders gefährdet sind, wie z. B. das Magen-Darm-System. Die Versorgung mit Selen ist durch den verminderten Gehalt in den Böden in Europa meist nicht ausreichend gewährleistet, wobei es – ähnlich wie bei der Jodversorgung – ein Nord-Süd-Gefälle gibt. Die tägliche Zufuhr durch die Nahrung liegt meist bei 30 bis 50 Mikrogramm, während präventiv eine Zufuhr von 100 bis 200 (!) Mikrogramm empfohlen wird. Um diese Diskrepanz auszugleichen, ist eine Supplementierung mit Selen als Nahrungser-

Selen

Nahrungsmittel mit hohem Gehalt:

Weizenkeime

Getreidevollkorn, z. B. Hafer, Weizen, Gerste; Sesamsamen

Seefische, Meeresfrüchte, Rotbarsch

Meeresalgen

Nüsse, z. B. Paranuss, Kokosnuss

Spargel, Kohlrabi, Petersilie

Selen ist eines der wichtigsten Spurenelemente, wirkt als Radikalfänger und als Bestandteil der antioxidativen Schutzsysteme, fördert die Funktion des Immunsystems und vermag vermutlich sogar bestimmte Krebserkrankungen zu verhüten. Da Selen in der Zivilisationskost zu wenig enthalten ist, sollte man besonders auf Nahrungsmittel achten, die viel Selen enthalten.

gänzung fast notwendig – auch wenn man auf eine erhöhte Zufuhr von Selen durch die Nahrung achtet (vor allem durch Seefische, Meeresalgen, Weizenkeime, Vollkorngetreide, Sesamsamen, Spargel und Nüsse, siehe Tab. S. 85).

Zink

Zink ist etwa in einer Menge von 1 bis 2 Gramm im Körper enthalten. Davon befinden sich allein 90 Prozent in den roten Blutkörperchen. Zink ist Bestandteil von mindestens 200 Enzymen, was auf seine große Bedeutung hinweist. Auch Zink spielt eine große Rolle in den antioxidativen Schutzsystemen des Körpers sowie bei der Wundheilung, bei der Funktion des Insulins und vor allem auch im Immunsystem. So ist der Zinkbedarf bei Erkältungen und Infektionen erhöht. Auch Zink geht im Schweiß und im Urin verloren, wobei diese Verluste durch körperliche Belastungen gesteigert werden. Der tägliche Bedarf liegt normalerweise bei 7 bis 10 Milligramm, im Sport bei 10 bis 20 Milligramm.

Zink
Nahrungsmittel mit hohem Gehalt
Weizenkeime
Hafer, Haferflocken
Getreidevollkorn
Sonnenblumenkerne, Kürbiskerne
Bergkäse, Hartkäse
Fleisch
Erbsen
Nüsse

Zink ist Bestandteil von über 200 Enzymen und hat daher vielfältige Wirkungen im Stoffwechsel und vor allem auch im Immunsystem.

Eisen

Eisen ist wichtig für die Blutbildung und die Zellatmung. Der Körperbestand beträgt etwa 4 bis 5 Gramm und nimmt mit zunehmendem Alter zu, und zwar bei Männern mehr als bei Frauen (siehe auch S. 95). Zwei Drittel dieses Eisens befinden sich im Blutfarbstoff (Hämoglobin) und im Muskelfarbstoff (Myoglobin). Etwa 10 Prozent sind in der Leber gespeichert und etwa 16 Prozent als Speichereisen an Eiweiß (Ferritin) gebunden. Außerdem gibt es noch an Eiweiß gebundenes Transporteisen (Transferrin) und in geringer Menge auch freies Eisen im Blut und in den Geweben.

Nach neueren Erkenntnissen ist es zwar gut für die Leistungsfähigkeit, wenn die Eisenspeicher (Ferritin und Transferrin) gefüllt sind, aber was darüber hinausgeht und als freies Eisen vorliegt, wirkt sich möglicherweise nachteilig aus, weil Eisen dann enzymatisch gesteuerte Reaktionen auslöst, die zur Bildung sehr aggressiver Radikale (Hydroxyl-Radikale) führen. Daher sollte man Eisen nicht ohne Kontrolle des Bedarfes vermehrt zuführen, etwa in Form von Eisenpräparaten, Multivitamintabletten mit Eisen – oder auch als rotes Fleisch (siehe S. 94).

Flüssigkeitsbilanz

Die Organe mit dem höchsten Wassergehalt sind Gehirn, Leber und Muskulatur, die 70 bis 75 Prozent Wasser enthalten und daher gegen Flüssigkeitsverluste besonders anfällig sind. Das Fettgewebe dagegen hat nur einen Wassergehalt von etwa 23 Prozent, was bedeutet, dass magere Personen wegen des höheren Anteils an flüssigkeitsreichen Geweben relativ mehr Schweiß produzieren können. Die Verteilung der Flüssigkeit im Körper wird durch so genannte osmotische Kräfte gesteuert. Dazu gehören bestimmte Eiweißstoffe und Mineralstoffe (vor allem Kalium, Natrium und Magnesium). Bei Flüssigkeitsverlusten (im Schweiß, Stuhl und Urin) geht daher immer Wasser zusammen mit Mineralstoffen verloren. Daher sollte der Flüssigkeitsersatz immer auch gleichzeitig mit der Zufuhr von Mineralstoffen verbunden sein. Normalerweise braucht man täglich etwa 1,5 bis 2 Liter Flüssigkeit, um die Flüssigkeitsbilanz ausgeglichen zu gestalten, bei Hitze 2 bis 3 Liter und mehr.

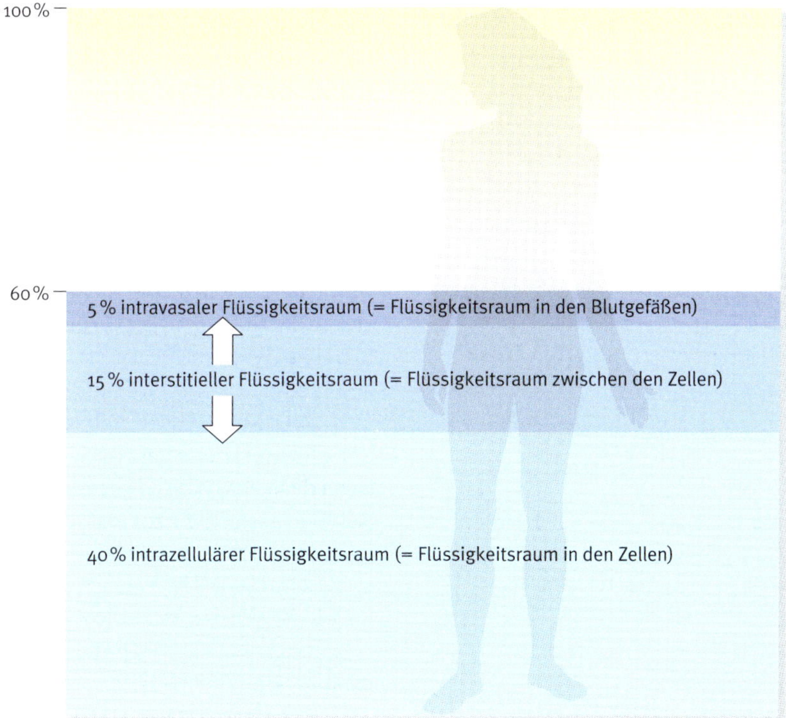

Wasserverteilung im Organismus: i.v. = intravasaler Flüssigkeitsraum (= Flüssigkeitsraum in den Blutgefäßen) i.st. = interstitieller Flüssigkeitsraum (= Flüssigkeitsraum zwischen den Zellen) i.z. = intrazellulärer Flüssigkeitsraum (= Flüssigkeitsraum in den Zellen)

Die Hauptbestandteile des Schweißes

	Durchschnitt mg/l	Schwankungsbereich mg/l
Kochsalz	1800	950–2550
Kalium	173	121–225
Magnesium	19	4–34

Die Hauptbestandteile des menschlichen Schweißes (modifiziert nach F. BROUNS)

Schweiß und Schweißflussrate

Wie viel man pro Zeiteinheit schwitzen kann, hängt vom Trainingszustand ab. Denn durch das Training werden auch die Schweißdrüsen trainiert: Sie vergrößern sich und nehmen an Zahl zu. Ein untrainierter Mensch kann etwa 0,8 Liter Schweiß pro Stunde produzieren. Ein gut trainierter Ausdauersportler dagegen kann 2 bis 3 Liter Schweiß pro Stunde produzieren. Die Fähigkeit, ausreichend zu schwitzen, ist eine wichtige Voraussetzung dafür, dass man hochintensive Leistungen über längere Zeit erbringen kann; denn ohne die Fähigkeit, die bei der Belastung entstehende Körperwärme nach außen abzugeben, würde die Körpertemperatur ansteigen und die dabei entstehende Überwärmung den Organismus schädigen und zum Belastungsabbruch zwingen.

Bedeutung von Flüssigkeitsverlusten

Ein Flüssigkeitsverlust von 2 Prozent des Körpergewichts (bei 70 kg Körpergewicht etwa 1,4 l) kann bei wenig trainierten Menschen bereits die Ausdauerleistungsfähigkeit beeinträchtigen. Hoch ausdauertrainierte Athleten können aber durchaus Flüssigkeitsverluste bis 3 Prozent des Körpergewichts (bei 70 kg

Symptome bei Flüssigkeitsverlusten (in % des Körpergewichts)

1 bis 5 %	6 bis 10 %	11 bis 20 %
Durst	Schwindelgefühl	Krämpfe
Erhöhte Herzschlagzahl	Kopfschmerzen	Delirium
Erhöhte Körpertemperatur	Atemnot	Geschwollene Zunge
Hautröte	Kribbeln in den Gliedern	Unfähigkeit zu schlucken
Unbehagen	Vermindertes Blutvolumen	Schwerhörigkeit
Appetitlosigkeit	Sprechschwierigkeiten	Verschleiertes Sehen
Übelkeit	Gehunfähigkeit	Runzelige Haut
Müdigkeit	Blaufärbung der Lippen	Fehlende Harnproduktion

Symptome bei Flüssigkeitsverlusten unterschiedlicher Ausprägung (in % des Körpergewichts) (nach MOESCH)

Körpergewicht etwa 2,1 l) ohne Leistungseinbuße tolerieren. Flüssigkeitsverluste von 4 Prozent des Körpergewichts und darüber führen jedoch immer zu Störungen und Leistungsverlusten.

Mineralstoffverluste durch Schweiß

Mit zunehmendem Trainingszustand wird zwar der Schweiß »dünner«, weil die Schweißdrüsen »lernen«, vermehrt Kochsalz in den Ausführungsgängen zurückzuresorbieren – aber für Kalium und Magnesium ist das nicht der Fall. So gehen in 1 Liter Schweiß etwa 2 bis 3 Gramm Kochsalz, 300 Milligramm Kalium, 40 Milligramm Magnesium, 20 bis 30 Milligramm Vitamin C sowie auch Spuren von Zink, Eisen, Mangan und Kupfer verloren (siehe Tab. S. 88 oben).

Rechtzeitiger Flüssigkeitsersatz

Man sollte die Flüssigkeitsverluste bei Belastungen, die über 1 Stunde hinausgehen, durch entsprechende Zufuhr von Flüssigkeit ergänzen, wobei die gleichzeitige Zufuhr von Mineralstoffen (vor allem auch von Kochsalz) zu empfehlen ist. Zum Ersatz geringer Flüssigkeitsmengen von 1 bis 2 Liter reichen z. B. Fruchtsaftgetränke aus, die im Verhältnis eins zu eins mit Wasser verdünnt sind. Fruchtsäfte (z. B. Apfelsaft) enthalten neben Kalium und Magnesium auch Kohlenhydrate in Form von Glukose und Fruktose. Bei größeren Flüssigkeitsverlusten sollten 2 bis 3 Gramm Kochsalz (Meersalz) pro Liter aufgenommen werden. Ein Beispiel für ein solches Getränk, das man leicht selbst zubereiten kann, ist in der Tabelle unten angegeben. Auch der Einsatz von Mineralstoffgetränken (siehe oben) ist empfehlenswert.

Mineralstoffgetränk

Inhaltsstoffe pro Liter	
Natrium	600 mg
Kalium	300 mg
Magnesium	60 mg
Chlorid	360 mg
Vitamin C	100 mg
Vitamin B_1	3 mg
Vitamin B_2	3 mg
Maltodextrin	80 g

Beispiel für die Zusammensetzung eines Mineralstoffgetränks

Sportlergetränk

Zutaten

- Tee 500 ml
  - Schwarzer Tee oder
  - Grüner Tee oder
  - Mate-Tee oder
  - Brennessel-Tee
- Zitronensaft 1 Teelöffel
- Traubenzucker und / oder Honig 40 bis 60 g
- Meersalz 1 Messerspitze (1 bis 3 g)

Beispiel für ein einfaches, aber bewährtes Rezept für ein selbst gemachtes »Sportlergetränk«

Freie Radikale und oxidativer Stress

Freie Radikale

Freie Radikale sind Atome oder Moleküle, denen in ihrer Elektronenschale ein Elektron fehlt. Dadurch werden sie sehr instabil und versuchen, dieses fehlende Elektron aus den umgebenden Strukturen wieder zu bekommen. Dieser Vorgang spielt sich innerhalb weniger Mikro- oder Millisekunden ab. Dadurch entsteht eine Art Kettenreaktion – unter Bildung von neuen freien Radikalen. Auf diese Weise werden wichtige Zellstrukturen, Zellmembranen, Proteine, Enzyme, Fette und vor allem auch die Erbsubstanz (DNA) geschädigt.
Freie Radikale entstehen auf vielfältige Weise:

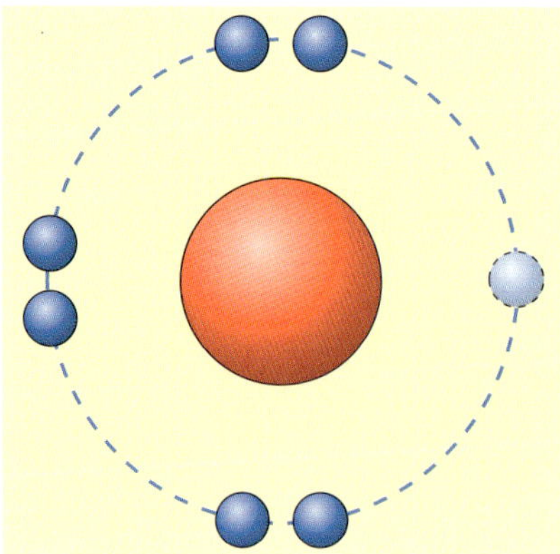

Ein freies Radikal ist ein Atom oder Molekül, dem ein Elektron aus der »Elektronenschale« verloren gegangen ist.

- durch Strahleneinwirkung (ionisierende Strahlen, Röntgenstrahlen, UV-Licht)
- durch Umweltschadstoffe und Tabakrauch
- durch die innere Atmung in den Mitochondrien, den Kraftwerken der Zellen

Nutzen und Schaden freier Radikale

Zunächst ist es verwunderlich, dass freie Radikale normalerweise in einer Größenordnung von 2 bis 3 Prozent bei der normalen Zellatmung in den Mitochondrien entstehen. Wie bereits auf Seite 13 ff. angedeutet, hat die Energieerzeugung durch Sauerstoff in den Mitochondrien entwicklungsgeschichtliche Gründe. Der Wirkungsgrad ist zwar viel günstiger als die Energiegewinnung ohne Sauerstoff. Allerdings sind die Zellbestandteile außerhalb der Mitochondrien nicht für die Nebenprodukte der Energiegewinnung aus Sauerstoff – nämlich die freien Radikale – gewappnet. Im Laufe der Entwicklungsgeschichte hat sich jedoch ein komplexes Netz von Schutzsystemen gegen freie Radikale in den Zellen entwickelt. Denn es wäre von der Natur nicht gerade weise eingerichtet, wenn die Zellen sich auf die Energiegewinnung mit Sauerstoff eingerichtet und nicht gleichzeitig Schutzsysteme entwickelt hätten, um sich vor den Nachteilen dieser Art der Energiegewinnung zu schützen.

Freie Radikale haben aber auch einen Nutzen: In den Immunzellen dienen sie nämlich dazu, eingedrungene Viren und Bakterien durch Beschuss mit freien Radikalen zu vernichten. Dabei ist es sehr wichtig, dass vor allem die Immunzellen innerhalb ihrer Zellstrukturen über sehr hoch entwickelte Schutzsysteme gegen freie Radikale verfügen, um nicht selbst Schaden durch ihre eigenen Waffen zu erleiden.

Oxidativer Stress

Von oxidativem Stress spricht man, wenn die Produktion von freien Radikalen die Kapazität der antioxidativen Schutzsysteme übersteigt, so dass der Körper durch freie Radikale überschwemmt und geschädigt wird. Das ist besonders in folgenden Situationen der Fall:

- Im Breiten- und Gesundheitssport, wenn man sich mit zu hoher Intensität belastet, ohne vorher die Belastungsintensität nach dem Prinzip der Allmählichkeit langsam gesteigert zu haben; denn nur dann haben die antioxidativen Schutzsysteme Zeit, sich an die zunehmende Belastungsintensität anzupassen.
- Im Leistungs- und Hochleistungssport, wenn mit zu hoher Intensität und zu hohem Umfang trainiert wird, vor allem in großer Höhe, bei starker UV-Einstrahlung oder hohen Ozonwerten.
- Bei Menschen, die unter radikalab-

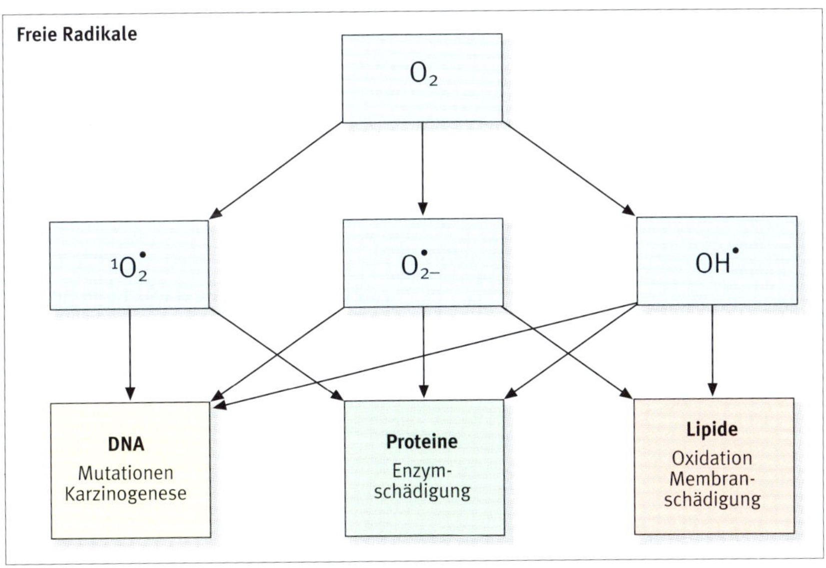

Sauerstoffradikale schädigen durch »Elektronenraub« und so genannte Peroxidation wichtige Zellstrukturen wie Zellmembranen, Enzyme und die Erbsubstanz (DNA).

Krankheiten, die durch freie Radikale ausgelöst oder gefördert werden. Deswegen nennt man sie auch radikalabhängige Krankheiten (»free radical diseases«).

Durch freie Radikale geförderte Krankheiten

Arteriosklerose
Herzinfarkt, Schlaganfall, Durchblutungsstörungen

Zuckerkrankheit
mit Folgekrankheiten an Augen, Nieren und Füßen

Lungenerkrankungen
Chronische Bronchitis, Asthma bronchiale, Lungenemphysem

Gelenkerkrankungen
Rheumatisch-entzündliche und degenerative Gelenkerkrankungen

Krebserkrankungen
vor allem durch Umweltfaktoren über freie Radikale ausgelöste Krebserkrankungen (z. B. Lunge, Magen, Dickdarm, Prostata, Brust u. a.)

Zweit-Krebserkrankungen nach Chemo- und/oder Strahlentherapie

Alterserkrankungen
Zelluläre Alterungsprozesse

Morbus Parkinson, Morbus Alzheimer

Augenerkrankungen
Grauer Star, Maculadegeneration

hängigen Krankheiten leiden (siehe Tabelle oben) und sich im Rahmen des therapeutischen Sports zu intensiv belasten.

➤ Seniorensportler, die mit zu hoher Intensität trainieren oder Wettkämpfe bestreiten, da mit zunehmendem Alter die Kapazität der antioxidativen Schutzsysteme zurückgeht und mehr Zeit als in jüngeren Jahren benötigt, sich anzupassen.

➤ Bei Mangel an Vitaminen (C, E, Betacarotin) und Spurenelementen (Selen, Zink), die als Radikalfänger wirken.

Die enzymatischen Schutzsysteme gegen freie Radikale wandeln die gefährlichen freien Radikale in unschädliche Substanzen um, nämlich in Sauerstoff (O_2) und Wasser (H_2O).

Enzymatische Schutzsysteme

$$2\,O_2^{\bullet} + 2\,H^+ \xrightarrow[\text{Mangan, Kupfer, Zink}]{\textbf{Superoxid-Dismutase}} O_2 + H_2O_2$$

$$H_2O_2 + H_2O_2 \xrightarrow[\text{Eisen}]{\textbf{Katalase}} O_2 + 2\,H_2O$$

$$H_2O_2 + 2\,GSH \xrightarrow[\text{Selen}]{\textbf{Glutathion-Peroxidase}} 2\,H_2O + GS\text{-}SG$$

$$GS\text{-}SG \xrightarrow{\textbf{Glutathion-Reduktase}} GSH$$

Schutzsysteme gegen freie Radikale

Enzymatische Schutzsysteme

Enzyme sind lebende Eiweißstoffe, deren Aufgabe es ist, Reaktionen in eine bestimmte Richtung zu lenken (siehe Abb. S. 92). Die wichtigsten Enzyme, die die Entgiftung freier Radikale steuern, sind die Superoxid-Dismutase und die Glutathion-Peroxidase – komplizierte Namen, die aber häufig benutzt werden, wenn man über die enzymatischen Schutzsysteme gegen freie Radikale spricht. Wichtig ist aber zu erkennen, dass auch diese Enzyme nur durch ständigen Gebrauch zur Höchstform entwickelt werden, indem man mehr Sauerstoff durch den Körper schleust und diese Enzyme dadurch hochreguliert. Das geschieht durch richtig dosierte körperliche Belastung, am besten durch Ausdauertraining mit geringer bis mittlerer Belastungsintensität.

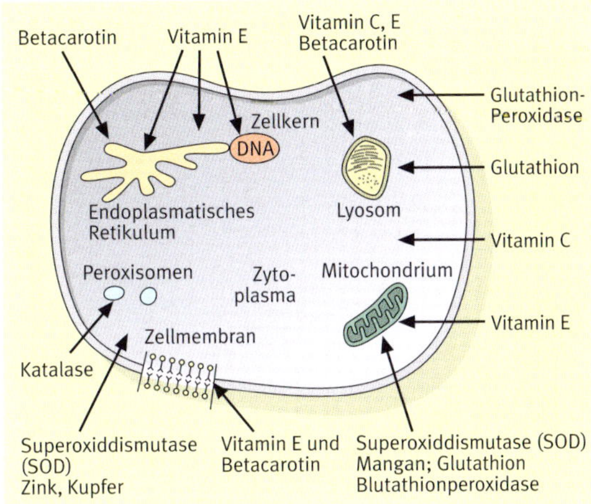

Enzymatische und nicht-enzymatische Schutzsysteme sind harmonisch und aufeinander abgestimmt über alle Zellkompartimente verteilt.

Nicht-enzymatische Schutzsysteme

Zusätzlich sind überall in den Körperzellen Schutzstoffe verteilt, die freie Radikale neutralisieren können. Viele dieser Schutzstoffe kann der Körper selbst herstellen, andere muss er durch die Nahrung zugeführt bekommen, um sich aus-

Nicht-enzymatische Schutzsysteme

Hydrophil	Lipophil	Chelatbildner
Harnsäure	Ubichinon Q_{10}	Coeruleoplasmin
Bilirubin	Vitamin E(*)	Transferrin
Glutathion	Betacarotin(*)	Albumin
Alpha-Liponsäure	Carotinoide(*)	Haptoglobin
Vitamin C(*)	Lycopin(*)	
Metallothionein		
Pflanzenfarbstoffe(*): Polyphenole, Anthocyane, Tannine u. a.		

Nicht-enzymatische Schutzsysteme. Einige bildet der Körper selbst, die anderen (*) müssen durch die Nahrung zugeführt werden.

reichend gegen freie Radikale schützen zu können. Dazu zählen sowohl wasserlösliche (hydrophile) Substanzen wie das Vitamin C sowie auch fettlösliche (lipophile) Substanzen wie die Vitamine E, A, Betacarotin (Provitamin A) und die Carotinoide mit ihren wichtigsten Vertretern Betacarotin (Karottenfarbstoff) und Lykopin (Tomatenfarbstoff). Auch die große Gruppe der Pflanzenfarbstoffe sind wichtige Radikalfänger (siehe S. 78 ff.), die die antioxidativen Wirkungen aller anderen Stoffe ergänzen.

Freie Radikale durch Eisen

Alle diese Schutzsysteme funktionieren aber nur dann richtig, wenn nicht freies Eisen im Blut oder in den Zellen vorhanden ist; denn durch freies Eisen wird eine ganz andere enzymatische Reaktion gefördert, die zur Bildung von Hydroxyl-Radikalen führt – den aggressivsten Radikalen, die es gibt (siehe Tab. unten).

Freies Eisen, Fleisch und Rotwein

Der größte Lieferant von freiem Eisen ist Fleisch, vor allem das rote Fleisch, dessen rote Farbe durch den Muskelfarbstoff Myoglobin bedingt ist. Der rote Muskelfarbstoff Myoglobin hat in seiner Mitte als Zentralatom ein Eisenatom, das durch die Darmwand sehr gut aufgenommen wird und im Blut vorübergehend als freies Eisen vorhanden ist. Deswegen ist rotes Fleisch ein gefährlicher Radikalbildner, der zu radikalabhängigen Erkrankungen führen kann.
Die althergebrachte Sitte, zu rotem Fleisch Rotwein zu kredenzen, erhält nun nachträglich die wissenschaftliche Erklärung: nämlich weil Rotwein durch seine Pflanzenfarbstoffe in der Lage ist, die durch rotes Fleisch erzeugten freien Radikale zu neutralisieren. Daraus sieht man, wie oftmals intuitive Erkenntnisse erst später ihre intellektuelle, wissenschaftliche Erklärung finden.

Eisenkatalysierte Hydroxyl-Radikalbildung

$$\dot{O}_2 + Fe^{+++} \xrightarrow[\text{Reduktion}]{\text{Eisen-}} O_2 + Fe^{++}$$

$$H_2O_2 + Fe^{++} \xrightarrow[\text{Reaktion}]{\text{Fenton-}} OH^- + Fe^{+++} + \boxed{OH^\bullet}$$

$$\dot{O}_2 + H_2O_2 \xrightarrow[\text{Reaktion}]{\text{Haber-Weiss-}} O_2 + OH^- + \boxed{OH^\bullet}$$

Freies Eisen (Fe = lateinisch: ferrum = Eisen) fördert die Bildung freier Hydroxyl-Radikale, der aggressivsten Radikale, die es gibt.

Es muss aber auch gesagt werden, dass natürlich auch andere Pflanzenfarbstoffe von farbigen Früchten und Gemüsen – genauso wie die im Rotwein – in der Lage sind, freie Radikale zu fangen. Statt Rotwein könnte man also auch roten Traubensaft trinken.

Lebensalter und Eisen

Männer neigen in früherem Alter zu arteriosklerotischen Komplikationen (Herzinfarkt, Schlaganfall) als Frauen – allerdings nur bis zu den Wechseljahren. Danach holt die Frau den Mann in der Entwicklung der Arteriosklerose und anderer radikalabhängiger Krankheiten allmählich ein. Bisher hat man diese Zusammenhänge der Schutzfunktion der weiblichen Hormone zugeschrieben. Inzwischen wurde dies aber durch Studien nicht bestätigt. Die Geschlechtshormone reichen also nicht aus, um die unterschiedliche Anfälligkeit gegen Arteriosklerose bei Männern und Frauen zu erklären. Möglicherweise hat das aber auch mit dem Eisen zu tun, vor allem wenn wir uns die oben geschilderten Zusammenhänge vergegenwärtigen. Es fällt nämlich auf, dass der Eisengehalt des Körpers mit zunehmendem Lebensalter bei Männern genauso ansteigt wie ihr Risiko für radikalabhängige Erkrankungen. Frauen haben durch ihre Menstruation die Möglichkeit, überflüssiges Eisen loszuwerden – bis zum Klimakterium. Dann steigt der Eisengehalt des Körpers bei ihnen genauso an wie beim Mann.

Übrigens: Männer, die Blutspender sind, leiden genauso wenig unter radikalabhängigen Krankheiten wie gleichaltrige Frauen.

Das heißt also, man sollte

- nicht übermäßig Eisen zuführen, weder durch rotes Fleisch noch durch Medikamente,
- genügend farbenfrohe Früchte und Gemüse zu sich nehmen, um die durch Eisen produzierten freien Radikale abzufangen,
- überschüssiges Eisen loswerden.

Das muss nicht unbedingt durch eine Blutspende sein; denn auch im Schweiß verliert man Eisen. Sport ist also auch aus diesem Grund gesundheitsfördernd.

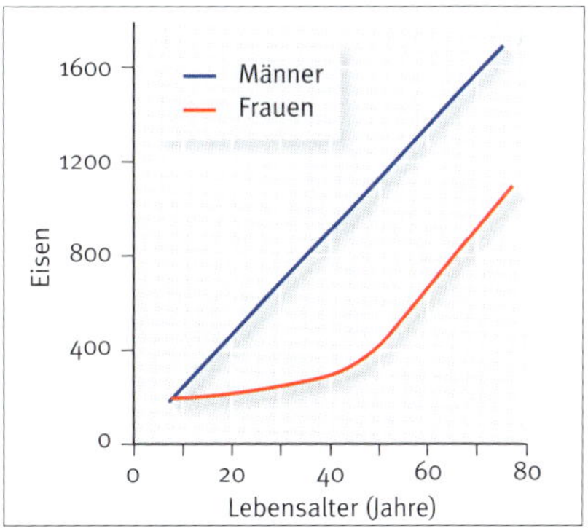

Der Eisengehalt des Körpers von Mann und Frau mit zunehmendem Lebensalter

Immunsystem, Sport und Ernährung

Das Immunsystem: Zellen, Gewebe und Organe des Immunsystems sind über den gesamten Organismus verteilt und stehen untereinander in einer engen und komplex vernetzten Kommunikation.

Das Immunsystem

Bedeutung

Das Immunsystem ist das komplizierteste und am stärksten vernetzte Organsystem des Menschen. Es ist hochintelligent und hat vor allem die Fähigkeit, das »Selbst« vom »Nicht-Selbst« zu unterscheiden. Es schützt den Organismus gegen Gefahren von außen und von innen, gegen Krankheitserreger von außen und entartete körpereigene Zellen von innen. Außerdem steuert es die Regeneration von Geweben und den Alterungsprozess. Ein gut funktionierendes Immunsystem ist eine wichtige Voraussetzung, um in einer feindlichen Umwelt gesund zu überleben. An der Immunabwehr sind neben den immunkompetenten Zellen (im Wesentlichen die weißen Blutkörperchen oder Leukozyten) verschiedene Immunorgane und Gewebe beteiligt, die zusammen ein Gesamtgewicht von 2 bis 3 Kilogramm aufweisen.

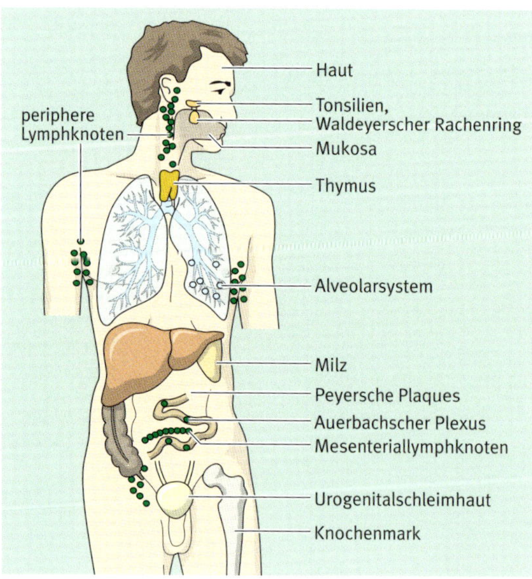

Immunorgane

Man unterscheidet die primären lymphatischen Organe wie das Knochenmark und die Thymusdrüse, in denen die Immunzellen entstehen und heranreifen, und die sekundären lymphatischen Organe, in die die Immunzellen hineinwandern, um sich dort anzusiedeln. Das sind Organe und Gewebe wie die Milz, die Lymphknoten, die Mandeln (Tonsillen) sowie die so genannten schleimhautassoziierten lymphatischen Gewebe im Magen-Darm-System, das so zum größten Immunorgan des Körpers wird. Daher ist es verständlich, dass ein gesundes, mit der richtigen Nahrung versorgtes Magen-Darm-System eine wichtige Voraussetzung für die Funktion des Immunsystems darstellt. Weitere wichtige Immunorgane sind die Haut, die Lunge und die Leber. In der Haut werden zum Beispiel bestimmte Lymphozyten-

Arten wie in der Thymusdrüse »geschult« und »scharf« gemacht, was auch in dem Begriff »Abhärtung« zum Ausdruck kommt.
Alle diese Immunorgane arbeiten untereinander und mit den frei beweglichen Immunzellen zusammen – den Lymphozyten, Natürlichen Killerzellen, Granulozyten und Makrophagen (»Fresszellen«), die sich im Blutstrom, den Lymphgefäßen und in den Geweben über den ganzen Körper verteilen.

Die unspezifische Immunabwehr

Wenn es Erregern gelungen ist, die Barrieren von Haut und Schleimhaut zu durchbrechen und in den Körper einzudringen, sehen sie sich zunächst der Abwehrfront der unspezifischen Immunabwehr gegenüber:

- Makrophagen oder Fresszellen können Erreger »umfließen« und sie so in den eigenen Zellleib aufnehmen, auflösen und zerstören.
- Auch die Granulozyten haben eine ähnliche Funktion.
- Natürliche Killerzellen (NK-Zellen) erkennen fremde Strukturen von Zellmembranen, zum Beispiel manche Krebszellen oder virusinfizierte Körperzellen.

Zusätzlich gehören auch flüssige Immunstoffe zur unspezifischen Immunabwehr: das Komplementsystem, ein System von etwa 20 miteinander agierenden Proteinmolekülen, und andere Proteine im Blut.
Die unspezifische Immunabwehr reicht oft aus, aber nicht immer, und muss

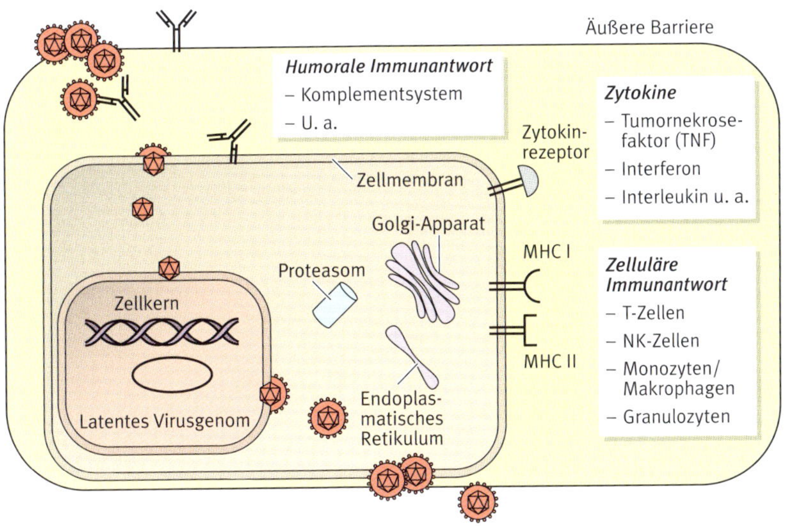

Spezifische Immunantwort: Immunzellen (zelluläre Immunantwort) und im Blut gelöste Immunstoffe (humorale Immunantwort) wirken in komplexer Weise zusammen, um eingedrungene Krankheitserreger unschädlich zu machen.

dann durch die noch wirksamere spezifische Immunabwehr ergänzt werden.

Die spezifische Immunabwehr

Die spezifische Immunabwehr spielt sich im Wesentlichen in vier Etappen ab:
1. Zuerst muss der Eindringling (das Antigen) erkannt und einem T-Lymphozyten (»T« wie Thymus) »präsentiert« werden. T-Helferzellen regen dann genau die B-Lymphozyten an, die zu diesem Antigen passende Antikörper bilden können.
2. Durch Vermehrung dieser B-Lymphozyten kommt es zu einer erhöhten Antikörperproduktion.

Bereits einfache Bewegungsformen wie ein Spaziergang oder ein langsamer (Wald-) Lauf mit geringer Belastungsintensität verbessern die Funktion des Immunsystems.

3. Aus dem Antigen und dem Antikörper entsteht ein Immunkomplex, der nun das Komplementsystem aktivieren und von diesem abgebaut werden kann.
4. Sind schließlich nur noch wenige oder keine Antigene mehr vorhanden, schalten sich die T-Unterdrückerzellen ein und stoppen die Immunreaktion, da diese sonst auf Dauer dem Körper Schaden zufügen würden.

Nach jedem derartigen Vorgang bleiben Gedächtniszellen zurück, die sich bei erneutem Zusammentreffen mit dem Antigen an dieses »erinnern« und sofort entsprechend reagieren können.
Bei einer wiederholten Infektion mit demselben Erreger kommt es dann oft gar nicht mehr zu einer Erkrankung. Daraus kann eine jahrzehntelang anhaltende Immunität entstehen.

Körperliche Aktivität, Sport und Immunsystem

Durch richtig dosierte körperliche Aktivität wird sowohl die unspezifische wie auch die spezifische Immunabwehr verbessert. Vor allem steigt eindeutig die Zahl aktivierter Fresszellen (Makrophagen) und aktivierter natürlicher Killerzellen an. Außerdem werden sämtliche Immunzellen in ihrer Funktion verbessert. Auch die Hochregulierung antioxidativer Schutzsysteme sowie die durch den Sport bedingte Überwärmung des Körpers verbessern die Immunfunktion.

Immunstärkende Ernährung

Ernährung und Immunsystem stehen in einer engen Wechselbeziehung. Sowohl Mangel- wie auch Überernährung und Fehlernährung beeinflussen die Funktion des Immunsystems. Man sollte diese Fehler in der Ernährung vermeiden und besonders auf die Nährstoffe achten, die das Immunsystem unterstützen.

Proteine und Aminosäuren

Wichtig für das Immunsystem sind vor allem die Aminosäuren Glutamin und Arginin sowie bestimmte Zellkernsubstanzen (Nukleotide). Diese Eiweißbausteine sind in einer hochwertigen Eiweißernährung mit günstigen Eiweißkombinationen (siehe S. 54 ff.) enthalten oder können in Proteinkonzentraten angereichert zugeführt werden.

Fette und Fettsäuren

Besonders die Omega-3-Fettsäuren unterstützen das Immunsystem. Sie sind vor allem in Lachs, Hering und Makrelen enthalten.

Vitamine und Spurenelemente

- **Vitamin A** und **Betacarotin** fördern die Bildung des Immunbotenstoffes Interferon und die Funktion von verschiedenen Immunzellen.
- **Vitamin C** ist ein wichtiges Antioxidans, verbessert die Funktion von Lymphozyten und steigert die gesamte Immunantwort.
- **Vitamin E** regt die Bildung von Immunbotenstoffen und die Lymphozytenaktivität an und hat eine enge Wechselwirkung mit Selen.
- **Selen** hat von allen Spurenelementen den stärksten positiven Einfluss auf das Immunsystem, vermutlich wegen seiner Wirkung als Radikalfänger. Außerdem regeneriert es oxidiertes Vitamin E.
- **Zink** ist unentbehrlicher Bestandteil über 200 Enzymen. Bei Zinkmangel wird die Funktion von T-Helferzellen und natürlichen Killerzellen vermindert. Zinkzufuhr verbessert daher die Immunantwort.

Bestandteile einer immunstärkenden Ernährung

Proteine und Aminosäuren
Ausreichend Eiweiß mit hoher biologischer Wertigkeit

Aminosäuren und Peptide, z. B. Glutamin, Glycin, Glutathion, Arginin

Fettsäuren
Omega-3-Fettsäuren in Fischölen (vor allem Makrele, Lachs, Hering)

Vitamine
A, D, E, B_6, B_{12}, Folsäure, C

Spurenelemente
Selen, Zink, Kupfer, Mangan

Sekundäre Pflanzenstoffe
Flavone, Flavonoide, Phenole, Anthocyane u. a.

Förderung der Funktion des Immunsystems durch bestimmte Nährstoffe (auch »Immunonutrition« genannt)

Anti-Aging, Sport und Ernährung

Anti-Aging: Was ist dran – und was nicht?

Anti-Aging ist eine neue, moderne Bewegung, die viel Faszination verbreitet; denn wer möchte nicht »so alt wie Methusalem« werden oder zumindest ein »biblisches Alter« erreichen? Methusalem stammte offenbar aus einer recht langlebigen Familie. Schon sein Vater Henoch soll es auf 365 Jahre gebracht haben. Methusalem selbst zeugte seinen ersten Sohn Lamiech im Alter von 187 Jahren und sorgte auch die nächsten 782 Jahre für weitere Nachkommen – bis »dass sein ganzes Alter ward 969 Jahre.« Auch wenn diese biblischen Jahre vielleicht nur »Lunarjahr« (also Monate) waren, möchte heute im Zeitalter der Genforschung und Lifestyle-Drogen fast jeder ein »biblisches Alter« erreichen und möglichst »ewige Jugend« erleben.

Reicht dazu das Allerweltsrezept: nicht rauchen und täglich ein Gläschen Rotwein? Wohl nicht. Aber verständlich ist die Sehnsucht des Menschen nach Langlebigkeit oder gar »Unsterblichkeit« schon – vielleicht weil er ahnt, dass er es innerlich bereits ist. Doch von der Ahnung bis zum Wissen ist ein weiter Weg, und trotz allen Strebens nach »Ganzheitlichkeit« glaubt der Mensch immer noch, dass allein der Körper seine Existenz ausmache. Deswegen möchte er ihn erhalten, mit allen Funktionen und so lange wie möglich.

Aber es wäre zu einfach, sich diese Sehnsucht nur mit Hormonen erfüllen zu wollen; denn es gibt bisher keinerlei Beweise dafür, dass durch die Gabe irgendeines Hormons die Lebensspanne des Menschen verlängert werden könnte – eher im Gegenteil.

Alterstheorien und Naturgesetze des Alterns

Am sinnvollsten erscheint das komplexe »ganzheitliche« Bestreben, die Gesetze der Alterung zu studieren und zu versuchen, den durch die Natur vorgesehenen und vorgegebenen Verfall zu verlangsamen, um dadurch an Lebenszeit zu gewinnen.

Zunächst ist es wichtig, erst einmal einigermaßen gesund in ein höheres Lebensalter zu gelangen. Das geht aber nur, wenn man den üblichen Zivilisationskrankheiten rechtzeitig und aktiv durch einen gesunden Lebensstil vorbeugt. Was ein gesunder Lebensstil ist, weiß inzwischen jeder – es mangelt »nur« an der Umsetzung.

Da man nicht genau weiß, worauf der Alterungsprozess beruht, gibt es verschiedene Theorien über die Gründe, die das menschliche Leben begrenzen:

➤ Der Kardiologe sagt – vereinfacht ausgedrückt –, die Zahl der Herzschläge pro Leben sei begrenzt. Das würde für ein moderates Ausdauertraining sprechen, weil Ausdauertrainierte für vergleichbare Belastungsstufen und auch in Ruhe weniger Herzschläge benötigen.

➤ Der Ernährungswissenschaftler sagt, die Gesamtmenge der Kalorien, die ein Mensch pro Leben mit seinen Enzymen verarbeiten kann, sei begrenzt. Das würde für eine Reduzierung der Kalorienzahl mit eher knapper Ernährung sprechen.

➤ Der Matrixforscher, der das Gewebe (Matrix) untersucht, in das die Zellen eingebettet sind, sagt, die »Verschlackung« dieses Gewebes müsse verhindert werden, weil dadurch die Lebensfähigkeit der Zellen behindert werde. Das würde heißen, man müsse für regelmäßige »Entschlackung« sorgen, zum Beispiel durch Fasten, knappe Ernährung und Langzeit-Ausdauertraining.

➤ Der Genetiker sagt, die Zahl der pro Leben möglichen Zellteilungen sei begrenzt. Das würde für eine eher »ruhige« Lebensweise mit weniger »Verschleiß« sprechen – aber auch dafür, die Gene vor Umweltschäden zu bewahren und die genreparativen Mechanismen des Körpers zu stärken. Das würde für den Aufbau eines Schutzes gegen »freie Radikale« sprechen – und zwar mit der Doppelstrategie:

– Hochregulierung der antioxidativen Schutzsysteme durch moderate und ausdauernde körperliche Aktivität und
– Zufuhr von Antioxidanzien (Vitamine A, C, E, Betacarotin, Selen, Zink, sekundäre Pflanzenstoffe u. a.) durch die Nahrung und evtl. durch eine vernünftige Nahrungsergänzung siehe S. 120 ff.).

Ausdauertraining mit moderater Intensität, langsam, lächelnd und »soft« steht auch bei den Anti-Aging-Empfehlungen an erster Stelle – als wichtige Grundlage eines aktiven, gesunden Lebensstils.

- Außerdem sagen Genetiker, man müsse den programmierten Zelltod bremsen, um langlebiger zu werden, zum Beispiel durch Hemmung des Enzyms Telomerase.
- Der Immunologe sagt, der Alterungsprozess sei vielleicht ein Autoimmunprozess, bei dem das eigene Immunsystem durch den stetigen Zerfall, Abbau und Umbau von Körperzellen im Laufe des Lebens gegen seine eigenen Körperzellen »allergisch« reagiert und sie attackiert oder zerstört.
- Und schließlich sagt der Yogi (und das schon seit 5000 Jahren!), die Gesamtzahl der Atemzüge pro Leben sei dem Menschen in die Wiege gelegt. Deswegen haben die Yogis Methoden ersonnen, den Atem bis hin zur Atemstille zu beruhigen – durch Entspannung, Konzentration und Meditation.

Quintessenz und praktische Anwendungen

Nun haben wir die wichtigsten, aus verschiedenen wissenschaftlichen Richtungen stammenden Bausteine beisammen, die einen gesunden, die Langlebigkeit fördernden Lebensstil ausmachen. Das sind

- eine positive und aktive Lebenseinstellung
- moderate körperliche Aktivität
- eine knappe, gesunde, antioxidanzienreiche Ernährung und
- die richtige Entspannung (vielleicht sogar bis zur Meditation), um negativen Stress abzubauen und zu sich selbst – oder besser gesagt: zu seinem Selbst – zu gelangen; denn vielleicht liegt ja dort die ersehnte Unsterblichkeit ...

Hormone – ja oder nein?

Die Anti-Aging-Bewegung kommt aus den USA. Aber deswegen sollte diese an sich positive Bewegung nicht unbedingt auch »amerikanisch« umgesetzt werden und in der ungezielten Verabreichung von Hormonen (Keimdrüsenhormone, Melatonin, Wachstumshormone) münden; denn Hormone verlängern nicht das Leben. Außerdem können Hormone die gesamte Persönlichkeit verändern und andere Nachteile (z. B. Zuckerkrankheit, Bluthochdruck, Wassereinlagerung u. a.) haben. Besser ist es, seinen Körper zu veranlassen, wieder selbst »Jugendhormone« zu bilden – durch Kombination körperlicher Aktivität mit erhöhter Eiweißzufuhr, vor allem auch von »hirnaktiven» Aminosäuren (siehe S. 59 ff.).

Der vorläufig beste Weg

Zunächst sollte man weitere Forschungen abwarten und sich nicht vorzeitig bisher vielleicht noch nicht bekannten und erkannten Gefahren einer unkontrollierten Hormontherapie aussetzen. Zumindest sollte man im Rahmen des Anti-Agings mit einem auf diesem Ge-

biet erfahrenen Arzt zusammenarbeiten. Bevor man sich entschließt, Hormone zu ersetzen, sollte man bei einem solchen Arzt alle (!) wichtigen Hormonspiegel messen lassen.
Auch sollte man sich vergegenwärtigen, dass jeder Lebensabschnitt seinen eigenen Sinn hat – auch das Alter. Bis jetzt hatte sich die Jugend immer die Weisheit des Alters zum Vorbild genommen – und es wäre widersinnig und unnatürlich, wenn sich nun das Alter um jeden Preis an der Jugend orientieren würde. Das würde zumindest zu einer disharmonischen Persönlichkeit im Alter führen. Unbestritten ist jedoch die konsequente Anwendung der oben geschilderten Tipps und Hinweise, insbesondere:

- eine aktive positive Lebensweise mit einem gesunden Lebensstil
- moderates Ausdauertraining
- eine knappe, vollwertige Ernährung mit viel Obst und Gemüse
- wenig (rotes) Fleisch, mehr Fisch
- Entspannung, Yoga, Meditation
- Eiweißzulagen, Proteinkonzentrate
- orthomolekulare Nahrungsergänzung (siehe Tab. unten und S. 120)

Orthomolekulare Nahrungsergänzung zur Unterstützung von Gesundheit

Vitamine

Vitamin A*	2000–3000 IE
Vitamin C*	300–500 mg
Vitamin E*	50–200 mg
Vitamin B1	5–40 mg
Vitamin B2	5–40 mg
Vitamin B6	5–40 mg
Vitamin B12	5–15 µg
Vitamin D3	3–10 µg
Nicotinamid	50–300 mg
Folsäure	400–1000 µg
Pantothensäure	10–30 mg
Biotin	100–500 µg

Spurenelemente

Selen*	50–200 µg
Zink*	10–20 mg
Mangan*	2–5 mg
Kupfer*	50–400 µg
Chrom	30–150 µg
Molybdän	60–300 µg
Jod	150–300 µg

*** Radikalfänger**

Mineralstoffe

Magnesium	100–300 mg
Calcium	100–600 mg

Aminosäuren

Lysin	500–800 mg
Arginin	100–200 mg
Cystin	80–200 mg

Essenzielle Fettsäuren

Fischöl	1–3 g
davon Omega-3-Fettsäuren	0,5–1,5 g

Weitere Mikronährstoffe

Gemischte natürliche Carotinoide* mit Betacarotin, Lycopin, Lutein	5–10 mg
Bioflavonoide*	5–10 mg
Coenzym Q10*	15–30 mg
Carnitin	200–400 mg
Taurin	300 mg

Beispiel einer orthomolekularen Nahrungsergänzung zur Prävention von Alterskrankheiten und zur Unterstützung von Gesundheit und Langlebigkeit (modifiziert nach H. Dietl u. G. Ohlenschläger)

Drei Schritte zur persönlichen Höchstleistung

Abbau von Körpergewicht fördert Gesundheit und Leistungsfähigkeit.

Obwohl dies ein Buch für Breiten- und Gesundheitssportler sein soll, wollen wir uns jetzt mit der Frage befassen, wie man seine persönliche Höchstleistung erreichen kann; denn auch im Breiten- und Gesundheitssport strebt man irgendwann nach »Höherem« und versucht seine persönlichen »Grenzen« auszuloten – wenn auch auf niedrigerem Niveau als der Leistungs- und Hochleistungssportler. Aber die Grundprinzipien und die ersten Schritte sind die gleichen:

- Verbesserung der Körperzusammensetzung durch Abbau von Übergewicht
- Ein optimales Bewegungs- oder Trainingsprogramm
- Ein optimaler Nutzeffekt durch Vermeiden von Schäden, vor allem durch freie Radikale

1. Schritt: Abbau von Übergewicht

Realistische und eher bescheidene (nicht hochfliegende) Trainingspläne sind der erste Schritt zu Gesundheit und Leistungsverbesserung, zusammen mit dem Abbau von überflüssigem Fettgewebe – und das aus mehreren Gründen.

Leistungssteigerung ohne Training

Durch eine Gewichtsabnahme steigt die Leistungsfähigkeit, sogar ohne Training. Hier der Beweis: Das Bruttokriterium für die maximale Ausdauerleistungsfähigkeit des Menschen, also für das Tempo, mit dem er längere Zeit unterwegs sein kann, ist seine maximale Sauerstoffaufnahmefähigkeit (siehe Abb. S. 25) und zwar pro Kilogramm Körpergewicht!

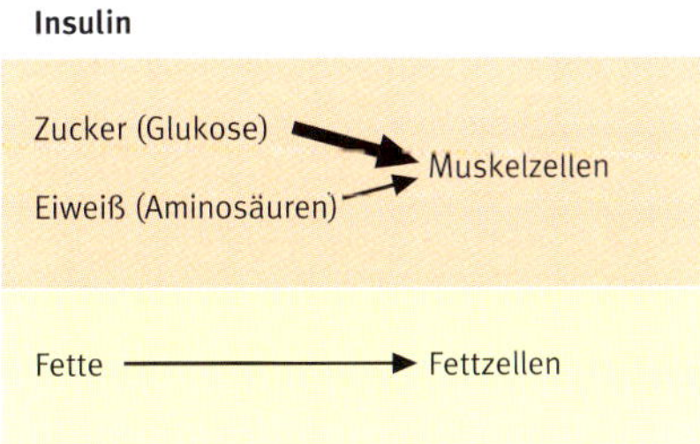

NB.: Insulin ist ein »Masthormon«

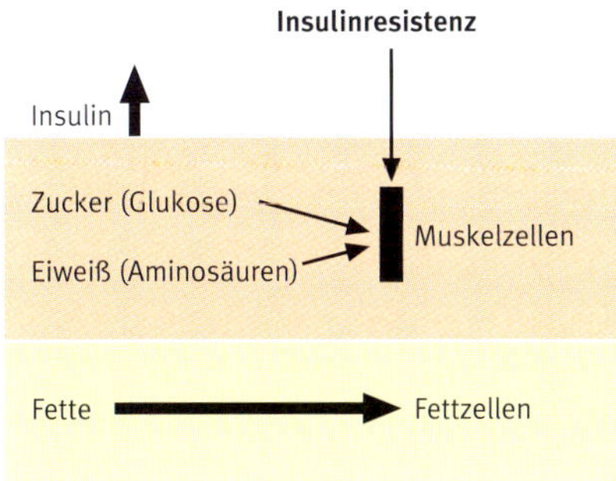

Insulin schleust nicht nur Zucker in die Muskelzellen, sondern auch Fett in die Fettzellen. Bei Insulinresistenz ist der Insulinspiegel im Blut erhöht, das heißt, es wird mehr Fett in die Fettzellen hineingeschleust.

Wenn jemand zum Beispiel bei 100 Kilogramm Körpergewicht eine maximale Sauerstoffaufnahmefähigkeit (VO_{2max}) von 4 Litern pro Minute aufweist,so sind das 40 Milliliter pro Kilogramm, gerade noch ein guter Durchschnitt. Wenn er aber auf 80 Kilogramm abnimmt und dabei seine Muskelmasse aufrechterhält, so hat er eine VO_{2max} von 50 Milliliter pro Kilogramm, was einer Leistungssteigerung von 25 Prozent entspricht – ohne Training. Man stelle sich vor, was passiert, wenn er dazu noch trainiert!

Fettgewebe und Fettstoffwechsel

Das Fettgewebe dient zwar als Speicher für »Notzeiten«. Aber in der Zivilisation gibt es diese nicht mehr. Man muss also diese »Notzeiten« selbst erzeugen, damit der Körper das zu viel gespeicherte Fett wieder abbaut. Das geht durch zwei Maßnahmen:

- ein richtig dosiertes Ausdauertraining mit geringer bis mäßiger Intensität
- eine knappe aber vollwertige und richtige Ernährung

Nur so kann man den eingeschlafenen Fettstoffwechsel wieder in Schwung bringen (siehe S. 49 ff.).

Kampf der Insulinresistenz

Insulin ist das Hormon, das Glukose, also (Trauben-) Zucker, aktiv in die Muskelzellen hineintransportiert und dadurch den Blutzucker im Normbereich hält. Gleichzeitig schleust aber Insulin auch Fett in die Fettzellen hinein. Insulin ist also eigentlich ein »Masthormon«, das sogar in der Viehzucht zu diesem Zweck verwendet wurde. Für den Steinzeitmenschen war dieser Mechanismus zwar ganz praktisch, da es ihm die Anlage von Fettspeichern erleichterte. Für den Menschen der Zivilisation kehrt sich dieser Vorteil jedoch zum Nachteil um und wird zur häufigsten Ursache von Übergewicht. Denn durch Bewegungsarmut und Verwendung kurzkettiger Kohlenhydrate mit hohem glykämischen In-

Das metabolische Syndrom

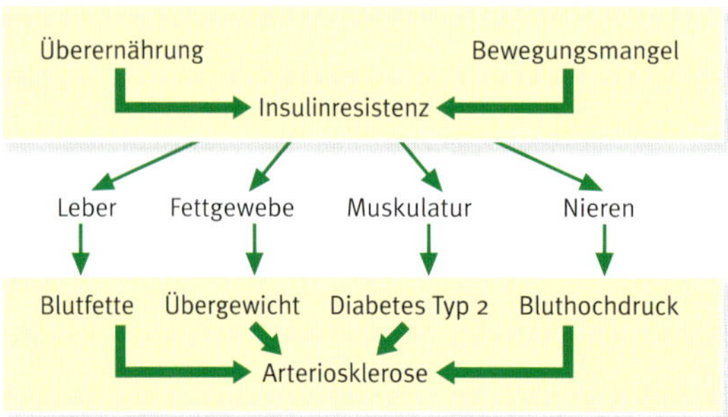

Die Insulinresistenz führt nicht nur zu Übergewicht, sondern auch zu Fettstoffwechselstörungen, Diabetes und Bluthochdruck.

dex (siehe S. 32) »schotten« sich die Muskelfasern gegen den zu hohen Zuckereinstrom ab; ein Zustand, den man als Insulinresistenz bezeichnet (siehe Abb. S. 105). Die Folge ist: Es muss mehr Insulin produziert werden, um die gleiche Wirkung zu erzielen. Dadurch wird der Insulinspiegel im Blut auf Dauer erhöht, was zu einem stetigen Einstrom von Fett in die Fettzellen führt. Damit aber noch nicht genug: Diese Insulinresistenz führt nicht nur zu Übergewicht, sondern gleichzeitig auch zu Fettstoffwechselstörungen, Bluthochdruck und Diabetes – ein gefährliches Quartett, das man auch metabolisches Syndrom nennt. Man könnte es eigentlich auch »diabolisches« Syndrom nennen (siehe Abb. oben), weil es auf teuflische Weise zu weiteren Folgekrankheiten führt. Man muss also zuerst diese Insulinresistenz beseitigen, bevor man weitere Pläne schmiedet; und das geht durch die beiden einfachen Maßnahmen, nämlich durch ein moderates Ausdauertraining und durch knappe Ernährung mit genügend großen Abständen zwischen den Mahlzeiten. Man sagt zwar: sechs kleine Mahlzeiten sind besser als drei große – aber noch besser sind drei kleine; denn wann soll der Körper seine Fettreserven angreifen? Das macht er nur, wenn die Abstände zwischen den Mahlzeiten groß genug sind.

Umdenken

Wenn man das, was man jetzt weiß, in die Tat umsetzen will, muss man umdenken. Da man die Naturgesetze nicht an seine Gewohnheiten anpassen kann, muss man sich eben an die Naturgesetze anpassen – nicht durch Verzicht, sondern freiwillig. Man sollte immer das Gefühl haben, dass die neuen Gewohnheiten besser sind als die, die man hinter sich gelassen hat. Durch diese Loslösung gewinnt man an Freiheit und Selbstvertrauen – oder wie es Carl Lagerfeld ausgedrückt hat: »Es ist völlig unmöglich, schlank zu werden und dumm zu bleiben«.

Das einfachste Rezept zur dauerhaften Gewichtsabnahme

Alle wahren Erkenntnisse sind einfach. Deswegen werden sie auch oft unterschätzt, und auf der Suche nach immer »neuen« Rezepten verliert der Mensch viel Zeit. Erst wenn man die einfachen, zeitlosen Naturgesetze mit Leben erfüllt

und sie mit Begeisterung und innerer Überzeugung in seinem Leben umsetzt, wird man dauerhaft Erfolg haben.
Das gilt besonders auch für die Gewichtsabnahme. Das einfachste Rezept lautet:

- ➤ Umdenken und ein klares Ziel haben, zum Beispiel einen Body-Mass-Index von 20 bis 25 (siehe S. 27)
- ➤ Kohlenhydrate mit hohem glykämischen Index weglassen (siehe S. 32).
- ➤ Kein Zucker
- ➤ Kein Alkohol – und wenn: ein Glas Rotwein
- ➤ Kein Fett
- ➤ Viel mageres Eiweiß, vor allem Fisch und Geflügel (siehe S. 59) und vielleicht zusätzlich ein gutes Proteinkonzentrat (siehe S. 121). (Ausnahme: Diabetiker und Nierenkranke!)
- ➤ Viel Obst und Gemüse
- ➤ Eine gute orthomolekulare Nahrungsergänzung (siehe S. 103 und S. 120)
- ➤ Pflanzliche Nahrungsergänzung, zum Beispiel Meeresalgen
- ➤ Viel Flüssigkeit (2 bis 3 Liter Wasser oder Mineralwasser)
- ➤ Ein moderates Ausdauertraining mit Training des Fettstoffwechsels
- ➤ Diesen Lebensstil so begeistert umsetzen, dass er zum dauerhaften Lebensstil wird

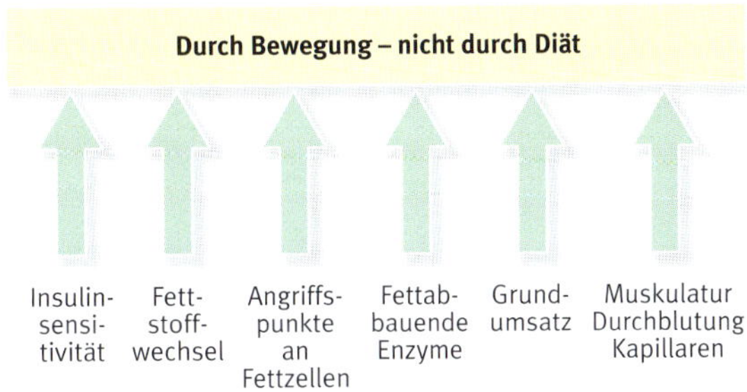

Durch Bewegung – nicht durch Diät – werden eine ganze Reihe von Veränderungen ausgelöst, die die Gewichtsabnahme erleichtern und stabilisieren.

Lockeres Ausdauertraining macht Spass, verbessert die Leistungsfähigkeit, stabilisiert die Gesundheit und trainiert den Fettstoffwechsel.

2. Schritt: Das individuelle Bewegungsprogramm

Um mit Freude und Begeisterung den aktiven Lebensstil zu seinem eigenen zu machen und ihn in »Fleisch und Blut« übergehen zu lassen, braucht man ein Bewegungsprogramm, das zu einem passt.
Zunächst muss man die Warumfrage klären und sich dann damit befassen, wie man das Erkannte am besten in die Tat umsetzen kann.

Die biologische Grundregel

Denn die wichtigste biologische Grundregel heißt:
»Struktur und Funktion eines Organs werden bestimmt vom Erbgut sowie von der Qualität und Quantität seiner Beanspruchung.«

Lockeres Nordic-Walken mit Spaß und Freude bringt viele Regulationssysteme wieder in die richtige Bahn.

Das bedeutet: Das Erbgut, das viele Menschen als Ausrede benutzen, ist nur ein Teil – der andere ist Aufgabe und Chance zugleich. Denn man muss und kann seine Gewebe und Organe durch die richtige Beanspruchung das ganze Leben in ihrer Funktion und Struktur verbessern.
Der Körper passt sich immer an den Zustand an, der von ihm verlangt wird. Neuere Untersuchungen weisen sogar darauf hin, dass Sport auch auf das Erbgut zurückwirkt.
Eine Ergänzung dieser biologischen Grundregel lautet:
»Je intensiver innerhalb physiologischer Grenzen ein Organ gefordert wird, desto stärker passt es sich an die Belastung an und desto leistungsfähiger und widerstandsfähiger wird es.«
Wichtig ist dabei, die physiologischen Grenzen durch die richtige Dosierung der Belastung einzuhalten.

Das »grüne Rezept«

Auch Bewegung sollte wie ein Medikament eingesetzt werden: indiziert, dosiert und kontrolliert. Dazu braucht man folgende Bausteine:

- Die optimale Sportart
- Die optimale Belastungsintensität
- Die optimale Bewegungsdauer
- Die optimale Belastungshäufigkeit

Unter »optimal« ist hier zu verstehen, wie man mit möglichst geringem Aufwand den größtmöglichen Effekt erzielt.

Die optimale Sportart

Es ist immer noch ein Geheimnis, warum welcher Mensch sich zu welcher Sportart oder Bewegungsform hingezogen fühlt. Es wäre nicht gut, jemand, der lieber läuft, zum Rad fahren zu »zwingen« oder umgekehrt. Die Sportart ist immer dann optimal, wenn beide Beine ausdauernd über längere Zeit bewegt werden, zum Beispiel Gehen, Wandern, Bergwandern, Walken, Joggen, Rad fahren, Schwimmen, Skilanglaufen – aber auch Tanzen oder Gartenarbeit.

Die optimale Belastungsintensität

Das ist der wichtigste Maßstab der Trainingssteuerung, für den es drei Möglichkeiten gibt: Messung des Milchsäurespiegels (Lactatmessung), Pulsmessung oder die Atmung. Alle diese Messmethoden dienen eigentlich meistens dazu, das Tempo zu drosseln, weil der Mensch immer zur Übertreibung neigt.

- Die Lactatmessung – meistens für Leistungs- und Hochleistungssportler.
- Die Pulsmessung (mit einer Pulsuhr) ist auf einen einfachen Nenner zu bringen: Trainingspulsfrequenz = 180 minus Lebensalter bis 200 minus Lebensalter.
- Noch einfacher ist es, die Atmung zur Trainingssteuerung heranzuziehen: Man sollte sich während der Belastung noch unterhalten oder zumindest einen zusammenhängenden Satz von sechs bis acht Worten sprechen können.

Die optimale Belastungsdauer

Da es darum geht, den Fettstoffwechsel in Schwung zu bringen, sollte die Belastung möglichst lange anhalten, damit der Fettstoffwechsel auch wirklich beansprucht wird. Das ist bei einer Belastungsdauer von 30 bis 40 Minuten oder länger der Fall.

Radfahren vermittelt das Gefühl der Leichtigkeit, weil das Körpergewicht vom Sattel getragen wird.

Die optimale Belastungshäufigkeit

Für eine kontinuierliche Leistungssteigerung ist eine regelmäßige Belastungswiederholung notwendig, am besten 3- bis 4-mal pro Woche oder täglich, wenn man das will. Es empfiehlt sich, zusätzlich 1-mal pro Woche ein ausgesprochenes Stoffwechseltraining über 1 bis 3 Stunden durchzuführen. Das bringt den Fettstoffwechsel in Hochform.

Der Zyklus der Überkompensation

Der regelmäßige Rhythmus zwischen Belastung, Ermüdung, Erholung und Überkompensation ist die Grundlage jeder Leistungssteigerung. Nur dann baut der Organismus ein Leistungsniveau auf, das höher liegt als das Ausgangsniveau. Wichtig zu wissen ist, dass nicht nur die Belastung selbst, sondern der gesamte Zyklus von Bedeutung ist. Es wird nämlich nicht nur die Belastbarkeit trainiert, sondern im Anschluss daran auch die Fähigkeit zur Erholung. Nur wenn auch die Erholung bewusst durchgeführt und erlebt wird, ist der Trainingsprozess optimal. Dazu sollte man alle regenerativen Maßnahmen beachten.

Der Zyklus der Überkompensation ist die Grundlage jeder Leistungssteigerung.

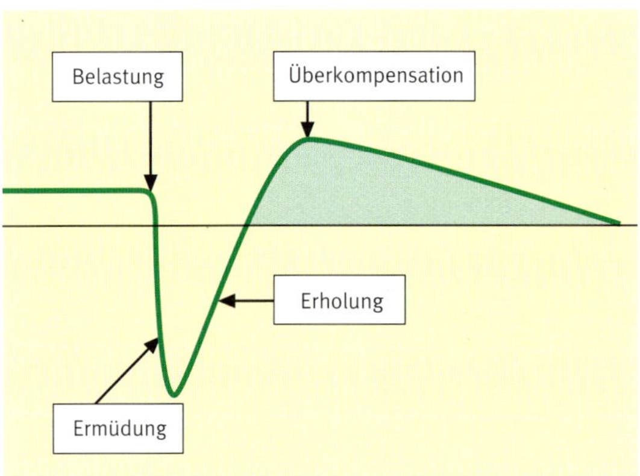

Das Netz regenerativer Maßnahmen

- Die richtige Trainingsplanung mit abwechselnden Trainingsbelastungen
- Die richtige Ernährung: knapp, vollwertig, bedarfsangepasst
- Die richtige Entspannung: ausreichender Nachtschlaf, autogenes Training, Yoga
- Die richtigen physikalischen Maßnahmen wie Massagen, Bäder, Sauna, UV-Licht (auch Sonnenbank), Klimawechsel

Auf diese Weise kann man »Urlaub im Alltag« machen, ist immer fit und entgeht jedem »Burnout-Syndrom».

3. Schritt: Sport – frei von freien Radikalen

Durch körperliche Aktivität und Sport wird folgende Reaktionskette in Gang gesetzt:

- Durch die Belastung wird mehr Sauerstoff durch den Körper geschleust. Gleichzeitig fallen dadurch mehr freie Radikale an.
- Gegen diese vermehrt anfallenden freien Radikale werden zunehmend und allmählich die körpereigenen antioxida-

tiven Schutzsysteme aufgebaut.

➤ Schließlich verfügt der sportlich aktive Mensch über stärkere Schutzsysteme gegen freie Radikale als der nicht Sport treibende Mensch.

➤ Dadurch wird seine Gesundheit stabiler und die Anfälligkeit gegen radikalabhängige Krankheiten (siehe Tab. S. 92) geringer.

Wichtige Grundregeln

Wichtig ist nur, dass man während dieses Anpassungsprozesses oxidativen Stress (siehe S. 91) vermeidet, indem man die folgenden Punkte beachtet:

➤ Sich ausdauernd mit geringer bis mäßiger Intensität bewegen, so dass man sich noch unterhalten kann (moderates Ausdauertraining).

➤ Die Belastungsintensität (also das Tempo) nur ganz langsam nach dem Prinzip der Allmählichkeit steigern, um dem Körper und vor allem den enzymatischen antioxidativen Schutzsystemen (siehe S. 93) Zeit für die Anpassung zu lassen.

➤ Auf vollständige Regeneration (Erholung) und Ruhetage achten (siehe S. 110), um nicht auf einen gestressten Körper noch zusätzlichen oxidativen Stress einwirken zu lassen.

Körperliche Aktivität, besonders moderates Ausdauertraining, baut starke antioxidative Schutzsysteme gegen freie Radikale auf, wenn man einige wichtige Grundregeln beachtet.

Sollte man sich doch einmal zu intensiv belastet haben, ist es wichtig, genügend Eiweiß zuzuführen, um ausreichend Baustoffe für den Aufbau von Muskelfasern, Enzymen und Hormonen zu liefern.

➤ Sich von reichlich Obst und Gemüse ernähren und auch sonst auf eine antioxidanzienreiche Ernährung achten.

➤ Nahrungsergänzung durch Antioxidanzien (siehe Tab. S. 65 und S. 121) bei oxidativem Stress.

Tipps für leistungsbetonte Freizeitsportler

Irgendwann möchte fast jeder Freizeitsportler – auch wenn es ihm als Einsteiger zunächst nur um Gesundheit und Fitness ging – seine Kräfte mit anderen messen und sei es auch nur mit Nachbarn oder Freunden. Vielleicht will man auch einmal an einem Marathonlauf oder Radmarathon teilnehmen. Spätestens dann ist es wichtig, etwas Systematik in sein Training zu bringen und die Grundregeln zu kennen, nach denen sich auch Hochleistungssportler richten. Denn auch wenn man nach außen hin als Freizeitsportler auftritt, gelangt man doch manchmal innerlich an die Grenzen der persönlichen Leistungsfähigkeit. Dann sollten sich Lebensweise, Training und Ernährung am selbst gewählten Ziel orientieren.

Sportartengruppen

Um die individuellen Ernährungsbedürfnisse besser definieren zu können, teilt man die unterschiedlichen Sportarten in Sportartengruppen mit qualitativ ähnlichen Belastungen ein (siehe Tabelle). Grundsätzlich unterscheidet man:

- Ausdauersportarten
- Ausdauersportarten mit hohem Krafteinsatz

Sportartengruppen mit qualitativ ähnlichen Belastungsstrukturen haben auch ähnliche Ernährungsbedürfnisse.

Sportartengruppen mit qualitativ ähnlicher Belastungsstruktur

Ausdauersportarten
Mittelstrecken- und Langstreckenlauf, Marathonlauf, 20- bis 50-km-Gehen

Ausdauersportarten mit hohem Krafteinsatz
Skilanglauf, Biathlon, Straßenradsport, Bergsteigen, Eisschnellauf (ab 1500 m), Rudern, Kanurennsport, Schwimmen (200–1500 m)

Kampfsportarten
Boxen, Ringen, Judo, Karate, Taekwondo

Spielsportarten
Fußball, Handball, Tennis, Eishockey, Hockey, Basketball, Wasserball, Rugby

Schnellkraftsportarten
Kurzstreckenlauf, leichtathletischer Mehrkampf, moderner Fünfkampf, Bahnradsport, Schwimmen (100 m), Ski alpin, leichtathletische Sprungdisziplinen, Eisschnelllauf (500 m), Tischtennis, Turnen, Eiskunstlauf, Kanuslalom, Skispringen, Volleyball, Fechten, Gymnastik, Aerobic u. a.

Kraftsportarten
Gewichtheben, Wurf- und Stoßdisziplinen

Nicht klassifizierbare Sportarten
Bogenschießen, Schießen, Motorsport, Segeln, Reiten, Golf u. a.

- Kampfsportarten
- Spielsportarten
- Schnellkraftsportarten
- Kraftsportarten
- Nicht klassifizierbare Sportarten

Die Ernährungsbedürfnisse unterscheiden sich im Wesentlichen in der Nährstoffrelation: Je mehr Ausdauer, desto mehr Kohlenhydrate und je mehr Krafteinsatz, desto mehr Eiweiß (siehe unten).

Ernährungsphasen

Um die Ernährung innerhalb dieser Sportartengruppen besser in den Trainingsprozess integrieren zu können, teilt man sie in Ernährungsphasen ein:

- Trainingsaufbauphase
- Vorwettkampfphase
- Wettkampfphase
- Nachwettkampfphase

Trainingsaufbauphase

Das ist die zeitlich längste und damit auch wichtigste Ernährungsphase, so dass man sie auch als Basisernährung bezeichnet. Sie sollte nach den bisher geschilderten Grundsätzen einer gesunden, leistungsfördernden Ernährung gestaltet werden:

- Vollwertig mit viel Gemüse und Obst, reich an antioxidativen Schutzstoffen
- Dem tatsächlichen Bedarf angepasst, wobei sich dieser auch innerhalb der Sportartengruppen je nach Art der Trainingsbelastung immer etwas ändert – je nachdem, ob die Trainingsbelastung mehr ausdauer- oder mehr kraftbetont gestaltet wird.

Ausdauerbetonte Trainingsbelastungen

Beim Grundlagenausdauertraining trainiert man mit geringer bis mittlerer Intensität (z. B. im Frühjahrstraining) und über längere Strecken den Fettstoffwechsel, um ihn als Grundlage der Energieversorgung zur vollen Entfaltung zu bringen (siehe S. 49). Dabei ernährt man sich knapp mit qualitativ hochwertigen Nahrungsmitteln und viel Obst und Gemüse (vor allem im Frühjahrstrainingslager in südlichen Ländern).

Erst später, wenn die Belastungsverträglichkeit zugenommen hat, trainiert man die wettkampfspezifische Ausdauer mit höherer Intensität, was mehr einem zusätzlichen Training des Kohlenhydratstoffwechsels entspricht. Jetzt sollte man vor allem auf eine kohlenhydratreiche Ernährung (siehe S. 31 ff.) achten und auch den Eiweißanteil etwas erhöhen.

Kraftbetonte Trainingsbelastungen

Auch Ausdauersportler trainieren mit hohem Krafteinsatz (z. B. Straßenradsport, Skilanglauf) oder hoher Intensität (Tempo). Dann steigt nicht nur der Kohlenhydrat-, sondern vor allem auch der Eiweißbedarf. Er liegt dann etwa bei 1

bis 1,2 Gramm pro Kilogramm Körpergewicht. Bei Kampfsportarten, Spielsportarten, Schnellkraftsportarten und den ausgesprochenen Kraftsportarten kann der Eiweißbedarf bis auf 1,2 bis 1,4 Gramm pro Kilogramm Körpergewicht ansteigen.
Bei der Eiweißversorgung sollte man auf hochwertige magere Eiweißspender mit hoher biologischer Wertigkeit und die richtigen Eiweißmischungen (siehe Tab. S. 59) achten. Manchmal sind auch Proteinkonzentrate sinnvoll (siehe S. 121).

Vorwettkampfphase

Bei allen hochintensiven Belastungen spielt der Kohlenhydratstoffwechsel eine wichtige Rolle. Daher ist die Größe der Kohlenhydratspeicher, vor allem des Muskelglykogens in der Arbeitsmuskulatur, von großer Bedeutung – zum einen damit die Kohlenhydratreserven möglichst lange reichen und zum anderen deswegen, weil auch bei kürzeren Belastungen Kohlenhydratenergie umso leichter freigesetzt wird, je mehr die Kohlenhydratspeicher gefüllt sind. Daher dient die Vorwettkampfphase in den letzten drei bis vier Tagen vor dem Wettkampf vorwiegend dazu, die Kohlenhydratspeicher möglichst gut aufzufüllen.

Auffüllung der Kohlenhydratspeicher

Auch sie geschieht nach dem Prinzip der Überkompensation, das auf Seite 41 ff. beschrieben ist. Eingeleitet wird diese Phase mit einer Entleerung der Glykogenspeicher durch eine entsprechend intensive und umfangreiche Belastung etwa 3 bis 4 Tage vor dem Wettkampf, der dann eine Phase mit lockerem Training und kohlenhydratreicher Ernährung folgt. Natürlich sollte man schon vorher einigermaßen gut trainiert sein, damit man diese Belastung 3 bis 4 Tage vor dem Wettkampf gut toleriert und sich von ihr bis zum Wettkampftag vollständig erholt.

Wettkampfphase

Am Wettkampftag soll die im Training aufgebaute Leistung voll entfaltet werden. Daher sollte man jetzt keine Experimente mehr durchführen und sich so verhalten, wie man es gewohnt ist und vorher ausprobiert hat.

Vor dem Wettkampf

Je kürzer der Wettkampf, desto länger sollte die letzte Mahlzeit zurückliegen, am besten 2 bis 3 Stunden vor dem Start. Da die Glykogenspeicher in den Vortagen aufgefüllt wurden, kann diese Mahlzeit ganz normal sein. Sie sollte aber leicht verdaulich sein, zum Beispiel ein Omelette mit Kartoffeln, ein kleines mageres Steak mit Reis, oder auch nur Spaghetti oder ein am Abend vorher in Wasser eingeweichtes Müsli (damit es bei den durch den »Vorstartzustand« öfter trockenen Schleimhäuten besser »rutscht«) mit Quark und Obst oder Sojamilch.

Während des Wettkampfes (Rennverpflegung)

Grundsätzlich sollte jeder gut trainierte Sportler in der Lage sein, seinen Wettkampf mit möglichst wenig Nahrung zu bestreiten. Ein gut trainierter Fettstoffwechsel und hoch angefüllte Kohlenhydratspeicher ermöglichen lange Ausdauerleistungen auch ohne Nahrungsaufnahme. Doch bei Wettkämpfen, die über 2 bis 3 Stunden hinausgehen, ist eine rechtzeitige (ca. 1–2 Stunden nach dem Start) und regelmäßige (alle 20–30 Minuten) Nahrungszufuhr (kohlenhydratreiche Nahrungsmittel und Getränke) empfehlenswert. Bei heißer Witterung steht der Ausgleich des Flüssigkeitshaushalts im Vordergrund mit geeigneten Getränken, die Kochsalz, Magnesium, Kalium und Kohlenhydrate enthalten (siehe S. 89).

Wettkampfnahrung

Beispiele für Wettkampfnahrung (Rennverpflegung) aus dem Radsport

- Bananen, Apfelstücke, Trockenfrüchte (Feigen, Aprikosen), Fruchtschnitten
- Müslibarren, Energieriegel, Eiweißriegel (Power-Bars u. a.)
- Reiskuchen (eingewickelt in Folienpapier), hergestellt aus Reis, Milch, Eigelb, Zucker, Äpfel, Rosinen und Meersalz
- Grieskuchen (eingewickelt in Folienpapier)
- Sandwiches – aus ausgehöhlten Partybrötchen – gefüllt mit:
  - Reiskuchen oder Grieskuchen
  - Marmelade und/oder Honig
  - Tomaten und Käse oder Frischkäse
  - Tomaten und Schinken oder
  - gehacktem Hähnchenfleisch
- Für die letzte Strecke kurz vor dem Ziel oder vor einem langen Berg:
  - Kohlenhydrat-Konzentrate als hochkonzentrierte flüssige Dextran-Lösungen oder -Gele

Beispiele für Wettkampfnahrung (Rennverpflegung), empfehlenswert bei Wettkämpfen, die länger als zwei bis drei Stunden dauern

Nachwettkampfphase

Auch nach Flüssigkeitszufuhr während der Belastung bleibt oft ein Flüssigkeitsdefizit von 2 bis 3 Litern bestehen, erkennbar am Gewichtsverlust. Den nach der Belastung auftretenden Durst sollte man diszipliniert und langsam löschen und dabei zu kalte Getränke meiden. Die erste Mahlzeit sollte etwa nach 1 $^1/_2$ bis 2 Stunden eingenommen werden. Sie sollte kohlenhydratbetont sein, weil jetzt die schnellste Einlagerung von Kohlenhydraten in die Muskulatur erfolgt. Eine fettreiche Kost sowie Alkoholkonsum nach dem Wettkampf führen dagegen zu einer Verzögerung und Blockade der Regeneration. Mit einer kohlenhydratreichen Ernährung ist es möglich, die Glykogenvorräte bereits in 24 bis 36 Stunden wieder aufzufüllen. Wegen des Einbaues von Kalium in das Glykogen sind vor allem Obstsäfte (Apfelsaft, Orangensaft, Traubensaft u. a.) zu empfehlen.

Die »somatische Intelligenz«

Intellekt, Intelligenz, Intuition

Vor allem lockeres Ausdauertraining entwickelt wieder die »somatische Intelligenz« des Menschen, die ihm in der bewegungsarmen Zivilisation verloren gegangen ist.

Wenn man von Intellekt spricht, meint man vor allem die mentalen Fähigkeiten des Gehirns wie Logik, Vernunft und Behalten von Daten. Intelligenz dagegen ist mehr, nämlich die Gesamtheit aller Begabungen, die eine optimale Anpassung an die Aufgaben und Bedingungen des Lebens erlauben. So gesehen passt sich der Sportler an die Aufgaben seines Lebens optimal an – sonst wären Höchstleistungen nicht möglich. Er entwickelt dabei ein eigenes Bewusstsein für den Körper, das man als »somatische Intelligenz« (griechisch, »soma« = »Körper«) bezeichnen könnte – eine Kombination aus Intellekt, Intelligenz und Intuition. Das alles spielt sich im Gehirn des Menschen ab, dessen Funktionen noch lange nicht in ihrer Gesamtheit geklärt und erklärt sind. Nicht umsonst wird das Gehirn auch von der Wissenschaft als »das größte Wunder im bisher bekannten Universum« bezeichnet.

Die somatische Intelligenz im Alltag

Es gibt auch im »ganz normalen Leben« intuitive Erfahrungen mit der somatischen Intelligenz, zum Beispiel:

- Das »Katerfrühstück«: Nach einer durchzechten Nacht »weiß« der Körper, dass er über die Nieren Kochsalz verloren hat (ohne dass das Natrium im Blut gemessen werden muss) und verlangt nach einem salzreichen Frühstück.
- Die Schwangerschaft: Schwangere fühlen intuitiv, was ihr Kind braucht und entwickeln ganz spontan einen Appetit auf ganz bestimmte Nahrungsmittel.
- Menschen vom Land: Wenn Menschen auf dem Land erkranken, entwickeln sie oft ein spontanes Gefühl für die richtigen Maßnahmen – auch in der Ernährung.

Dieses Gefühl wird durch körperliche Arbeit an der frischen Luft und die Harmonie mit der Natur gefördert. Dem Stadtmenschen ist dies verloren gegangen.

Die somatische Intelligenz des Sportlers

Der Sportler, der sich täglich und intensiv mit seinem Körper und dessen Reaktionen auseinander setzt, lernt ihn viel besser kennen als der Durchschnittsmensch und entwickelt eine eigene somatische Intelligenz – für Bewegungsabläufe, Lebensweise und für die speziellen Bedürfnisse in seiner Ernährung.
Mit zunehmendem Trainingszustand verbessert sich auch die somatische Intelligenz: Der Appetit auf Nahrungsmittel, die man allgemein als »gesund« bezeichnet, nimmt zu – und außerdem der Appetit auf Kohlenhydrate bei Ausdauersportlern und der auf Eiweiß bei Kraftsportlern.
Umgekehrt nimmt die Bereitschaft, Ernährungsfehler zu begehen, wieder zu, wenn der Trainingszustand abnimmt.
Am besten kombiniert man beides: die wissenschaftlich erforschten Grundlagen einer gesunden, bedarfsangepassten und sportartspezifischen Ernährung mit der somatischen Intelligenz, die sich durch die Beschäftigung mit seiner Sportart entwickelt.
Das folgende Beispiel möge diese Überlegungen noch ergänzen.

Das Wunder von Campodimele

Die Weltgesundheitsorganisation (WHO) untersucht immer noch das »Wunder« von Campodimele: Dort werden mehr Menschen über hundert Jahre alt als anderswo in Europa. Die durchschnittliche Lebenserwartung liegt um 20 bis 30 Jahre höher als bei der Durchschnittsbevölkerung. Offenbar gibt es in Campodimele ein Geheimnis für die Langlebigkeit der dort lebenden Menschen. Die Wissenschaft schätzt, dass Langlebigkeit zu etwa 30 Prozent genetisch und zu etwa 70 Prozent durch Umwelteinflüsse bedingt ist. Die Frage ist: Welche Umwelteinflüsse gibt es in Campodimele, die sich von denen der Durchschnittsbevölkerung unterscheiden?

Ein Top-Athlet wie Lance Armstrong hat seine somatische Intelligenz so weit entwickelt, dass sie ihn zuverlässig steuert – in Lebensweise, Training und Ernährung.

Wo liegt das Geheimnis?

Vielleicht ist es die Lage: Campodimele liegt 617 Meter hoch, wie ein Adlerhorst in den Bergen südlich von Rom, nur über eine schmale Schotterstraße erreichbar. Allein durch die Lage ist schon eine bescheidene, körperlich aktive Lebensweise vorgegeben in Verbindung mit einer einfachen Ernährung, die der karge Boden hervorbringt – aber es ist wohl noch mehr ...

Lebensweise

Die Menschen leben dort hart und karg, im Kampf und im Einklang mit der Natur. Auf den Feldern arbeiten nebeneinander fünf (!) Generationen, vom Ururgroßvater bis zum Enkel. Man akzeptiert sich gegenseitig, auch die »Älteren«.

Olivenöl ist eines der besten und gesündesten pflanzlichen Öle mit einfach ungesättigten Monoenfettsäuren, reichlich Vitamin E und sekundären Pflanzenstoffen.

Ernährung

Dann ist es wohl auch die Ernährung. Sie ist so einfach und karg wie die Umgebung. Da ist vor allem das Olivenöl, das man dort ehrfürchtig als »Öl Gottes« bezeichnet. Jede Familie hat ihren eigenen Olivenhain. Das Öl wird kalt gepresst. Etwa ein Wasserglas Olivenöl verbraucht jeder Einwohner täglich in Verbindung mit verschiedenen Speisen. Die Weltgesundheitsorganisation (WHO) kommt zu dem Schluss: Olivenöl ist das einzige Fett, das die Gesundheit schützt und das Leben um mehrere Jahre verlängern kann.
Oder ist es das Brot? Selbst gebacken aus selbst angebautem Getreide, einer Sorte, die es schon vor mehr als 1000 Jahren gab. Im eigenen Garten gedeihen Weizen, Gerste und Mais mit natürlichem Dünger und ohne Pflanzenschutzmittel. Das Korn wird in einer Steinmühle gemahlen, mit Anis, Oregano und Basilikum gewürzt und im Holzofen gebacken. Auch die Nudeln werden selbst gemacht, ohne Salz. Der tägliche Salzverbrauch liegt unter drei Gramm.
Schließlich gibt es auch reichlich Gemüse aus alten, überlieferten Gemüsesorten, nicht aus modernen Züchtungen.
Auffallend ist der hohe Verzehr von Tomaten in jeder Form und von Bohnen, dunkle »Cicerchia-Bohnen«, die dort seit über 2500 Jahren angebaut werden und auf die Benediktiner zurückgehen sollen. Die Bohnen werden in Olivenöl mit Kräutern eingelagert. Vielleicht sind es auch

diese Kräuter aus dem eigenen Kräutergarten: Anis, Basilikum, Rosmarin, Majoran, die – in Tomatensud gekocht – sich über zwei Jahre frisch halten lassen. Außerdem gibt es weder Fleisch noch Wurst noch Schinken – nur Fisch.
Und dann ist da noch der Rotwein, von dem jeder Bewohner täglich zwei Gläschen trinkt.

Harmonie mit sich und der Natur

Eigentlich leben die Einwohner von Campodimele intuitiv so, wie es heute auch die Wissenschaft empfiehlt. Und doch kommt noch ein wichtiger Faktor hinzu: Die Menschen leben dort in Harmonie mit sich und der Natur. Vielleicht ist das der wichtigste Faktor, um die somatische Intelligenz zu entwickeln, die den Menschen intuitiv führt und leitet.

Mittelmeerkost

Die 10 Grundsätze der mediterranen Küche

1. Zahlreiche Gemüse gemischt
2. Ausgewählte Getreideprodukte
3. Olivenöl
4. Großzügig Gewürze und Kräuter
5. Wenig tierische Fette
6. Wenig Fleisch, viel Fisch
7. Wenig Zucker, mehr Früchte verschiedener Art
8. Einige tausend Jahre Erfahrung und Intuition
9. Endlos Liebe und Zeit zum Kochen
10. Eine entspannte Atmosphäre bei Tisch mit Hilfe von etwas Rotwein, aber nicht zu viel

»Somatische Intelligenz« am Beispiel der mediterranen Küche, die den neuesten wissenschaftlichen Erkenntnissen entspricht, obwohl sie intuitiv entstanden ist. (modifiziert nach A. Teuscher: Vollwerternährung wertvoll für alle)

Bohnen, Gemüse, Tomaten, Oliven und Olivenöl, Gewürze und Kräuter – und natürlich auch Pasta, selbst gebackenes Brot, Fisch und Rotwein sind die einfachen Grundnahrungsmittel in Campodimele.

Nahrungs-ergänzung

Dieser Abschnitt wurde bewusst am Schluss angefügt, weil Nahrungsergänzungen auch im praktischen (Sportler-) Leben nur als »Beigabe« eingesetzt werden sollten; denn der Mensch neigt allzu leicht dazu, die sportgerechte Lebensweise und Ernährung zu vernachlässigen, wenn er der Meinung ist, auf andere Weise »alles« zu haben.
Daher sollten Nahrungsergänzungen die sportgerechte Lebensweise und gesunde Ernährung ergänzen, und nicht umgekehrt. Man bezeichnet einige dieser Stoffe auch als »ergogene« Substanzen, weil sie die Leistungsfähigkeit (griechisch, »ergon« = »Arbeit«) potenziell zu fördern vermögen.

Potenziell ergogene Substanzen

Orthomolekulare Nahrungsergänzung
Vitamine, Mineralstoffe, Spurenelemente

Eiweißkonzentrate
Evtl. angereichert durch bestimmte Aminosäuren und Carnitin

Einzelne Wirkstoffe
Z. B. Carnitin, Kreatin, Coenzym Q10, Taurin, Chrom

Weitere Naturstoffe
Bienenerzeugnisse: Blütenpollen, Gelee royale
Ginseng

Möglicherweise leistungsfördernde Substanzen und Wirkstoffe (modifiziert nach P. Stehle)

Ergogene Wirkstoffe

Wissenschaftlich fundierte Belege für eine ergogene, das heißt leistungsfördernde Wirkung gibt es nur für einige wenige Nährstoffe. Die subjektive Erfahrung einzelner Sportler sollte nicht als alleinige Richtschnur für eine generelle Empfehlung herangezogen werden. Daher bezeichnet man diese häufig diskutierten und verwendeten Wirkstoffe als »potenziell ergogen« – also als möglicherweise leistungsfördernd.

Orthomolekulare Nahrungsergänzung

Es hat sich gezeigt, dass die überhöhte Zufuhr einzelner Vitamine in Megadosen nicht unbedingt der richtige Weg ist, um Gesundheit und Leistungsfähigkeit zu fördern. Denn alle Wirkstoffe sollten wie auch in der Nahrung im richtigen Verhältnis zugeführt werden, um das innere Gleichgewicht (Homöostase) des Körpers nicht zu stören, was sich auf Dauer nachteilig auswirken würde. Alle Wirkstoffe sollten wie in einem Orchester harmonisch zusammenwirken. Die Zufuhr einzelner Substanzen in Megadosen wäre auf Dauer einfach »zu laut« und würde sich auf das gesamte Orchester disharmonisch auswirken.
Daher wäre das beste Vorgehen, zunächst die Grundversorgung mit Vitaminen, Mineralstoffen und Spurenelementen durch reichlich Gemüse und Obst

Orthomolekulare Nahrungsergänzung für Sportler

Vitamine		**Mineralstoffe**	
Vitamin A*	2000–3000 IE	Magnesium	200–300 mg
Betacarotin* **	10–20 mg	Calcium	300–600 mg
Vitamin C*	500 mg	**Spurenelemente**	
Vitamin E*	100–200 mg	Selen*	50–200 µg
Vitamin B_1	7,5–40 mg	Zink*	10–20 mg
Vitamin B_2	7,5–40 mg	Mangan*	2–5 mg
Vitamin B_6	7,5–40 mg	Kupfer*	50–400 µg
Vitamin B_{12}	5–15 µg	Chrom	30–150 µg
Vitamin D_3	3–10 µg	Molybdän	60–300 µg
Nicotinamid	50–300 mg	Jod	150–300 µg
Folsäure	400–1000 µg		

* Antioxidanzien ** Betacarotin möglichst als natürliche gemischte Carotinoide

Nahrungsergänzung mit orthomolekularen Substanzen für Leistungs- und Hochleistungssportler sowie für leistungsbetonte Breiten- und Gesundheitssportler (modifiziert nach H. Dietl und G. Ohlenschläger)

(»five a day«, siehe S. 81) sicher zu stellen – und dann bei erhöhtem Bedarf die entstehenden Schwachpunkte »orthomolekular«, das heißt im richtigen (griechisch »orthos« = richtig) Verhältnis zueinander auszugleichen. Im Kapitel »Anti-Aging« (siehe S. 103) wurde bereits eine orthomolekulare Kombination von gesundheitsfördernden Wirkstoffen vorgestellt. Hier soll noch einmal eine orthomolekulare Kombination aufgeführt werden (siehe Tabelle oben), die vor allem die Wirkstoffe enthält, die Schwachpunkte in der Ernährung des Sportlers ausgleichen können.

Eiweißkonzentrate

Eiweißkonzentrate haben den Vorteil, die für den Aufbau von Muskulatur, Enzymen und Hormonen wichtigen Aminosäuren zu liefern – ohne unerwünschte Begleitstoffe wie Fett, Cholesterin und Harnsäure. Hochwertige Proteinkonzentrate sind meist aus einer Kombination hochwertiger Eiweiße (z. B. Milcheiweiß, Molkeneiweiß, Hühnereiklar, Sojaeiweiß) hergestellt und können – speziell auf den Bedarf von Sportlern abgestimmt – zusätzlich mit bestimmten Aminosäuren (z. B. Arginin, Lysin, Tryptophan, Phenylalanin, Glutamin, – siehe S. 59, »Hirnaktive Aminosäuren«) und Carnitin angereichert werden.

Einzelne Wirkstoffe

Über die folgenden Wirkstoffe wird immer wieder diskutiert. Die wichtigsten von ihnen werden nachstehend kurz erwähnt. Man kann sie einzeln zu sich nehmen (falls man das will) oder als Bestandteil orthomolekularer Kombinationen oder von Proteinkonzentraten.

Carnitin

Carnitin wurde 1905 erstmalig aus Fleischextrakt isoliert. Daher erhielt es seinen Namen (carne = Fleisch). Wie aus der Tabelle ersichtlich ist es zwar bevorzugt in Fleisch enthalten, aber auch in anderen Nahrungsmitteln. Der Körper kann Carnitin aus den Aminosäuren Lysin und Methionin selbst herstellen.

Die Hauptaufgabe von Carnitin besteht darin, als »Biocarrier« Fettsäuren in die Mitochondrien hineinzuschleusen und sie der Energiegewinnung zuzuführen. Diese Funktion ist besonders wichtig für ausdauertrainierte Muskelfasern sowie für den Herzmuskel, der ja der ausgeprägteste Ausdauermuskel des Körpers ist. Obwohl es zahlreiche Studien gibt, die vermuten lassen, dass eine Nahrungsergänzung mit Carnitin die Ausdauerleistungsfähigkeit zu steigern vermag, muss man weitere kontrollierte Studien abwarten, um diese Frage endgültig zu klären.

Carnitingehalt verschiedener Lebensmittel (modifiziert nach A. Schek)

Carnitin

Carnitingehalt verschiedener Lebensmittel (in mg/100 g Frischmasse)

Lamm-, Schaffleisch	80–250
Rindfleisch	60–80
Schweinefleisch	30
Rinderherz	20
Kaninchenfleisch	20
Hühnerfleisch	6–8
Apfelmus	3,1
Tomaten	2,9
Birnen	2,7
Milch	2,5
Reis	1,8
Pfirsiche	1,6
Spargel	1,3
Erbsen	1,2

Kreatin

Auch Kreatin kann der Körper selbst herstellen und zwar aus den Aminosäuren Arginin, Glycin und Methionin. Die pro Tag gebildete Menge wird auf etwa 1 Gramm geschätzt. Die endogene Kreatinproduktion wird durch die Nahrung ergänzt (siehe Tabelle). Für eine ausgeglichene Kreatinbilanz braucht man etwa 2 Gramm Kreatin pro Tag. Kreatin wird in den Muskelfasern zur Regeneration der kurzfristigen »schnellen« Energiespeicher Adenosintriphosphat (ATP) und Kreatinphosphat (KP) benötigt. Es gibt Studien, die nachweisen, dass eine Nahrungsergänzung mit Kreatin eine Leistungsförderung bei kurzen Schnellkraftbelastungen bewirkt – bei Ausdauerleistungen jedoch nicht.

Kreatingehalt ausgewählter Lebensmittel (modifiziert nach P. D. Balsom und Mitarbeiter)

Kreatin

Kreatingehalt ausgewählter Lebensmittel (in g/kg)

Hering	6,5–10
Lachs	4,5
Thunfisch	2,7–6,5
Kabeljau	3
Seezunge	2,5
Scholle	2
Schweinefleisch	5
Rindfleisch	4,5

Coenzym Q_{10} (Ubichinon)

Als Coenzym Q10 oder Ubichinon bezeichnet man natürliche Substanzen, deren chemische Grundstruktur so genannte Chinone sind. Da sie praktisch überall oder »ubiquitär« vorkommen, heißen sie »Ubi»-chinone. Coenzym Q_{10} spielt als Schlüsselenzym eine wichtige Rolle in den Mitochondrien bei der aeroben Energiegewinnung. 95 Prozent aller energieliefernden Prozesse sind auf das Vorhandensein von Ubichinon angewiesen.
Außerdem unterstützt Coenzym Q10 als Radikalfänger im Fettgewebe die Wirkung von Vitamin E. Der Gesamtbestand von Coenzym Q_{10} im Körper beträgt 0,5 bis 1,5 Gramm – genauso viel wie Vitamin C, was auf die große Bedeutung von Coenzym Q_{10} hinweist. Mit zunehmendem Lebensalter nimmt der Gesamtbestand und der Gehalt der einzelnen Organe deutlich ab (siehe Tabelle).
Der tägliche Bedarf ist nicht sicher bekannt. Mit der Nahrung werden etwa 10 Milligramm pro Tag aufgenommen, vor allem durch Fleisch, Eier, pflanzliche Kost und Pflanzenöle.

Eine tägliche Zufuhr als Nahrungsergänzung (15–30 mg) könnte sich günstig bei Herzerkrankungen, hohen Cholesterinwerten und Bluthochdruck sowie bei älteren Menschen auswirken. Im Sport wirkt Coenzym Q_{10} ähnlich wie Carnitin leistungsfördernd bei Ausdauerbelastungen.

Weitere Naturstoffe

Bienenerzeugnisse

Seit Urzeiten werden Blütenpollen und Bienenkönigin-Futtersaft (Gelee royale) zur Regeneration und Leistungsförderung eingesetzt und subjektiv als leistungsfördernd empfunden. Studien konnten allerdings diese Erfahrungen bisher nicht objektiv bestätigen.

Ginseng

Die Ginsengwurzel wurde in östlichen Ländern mit Gold aufgewogen. Vor allem werden geistige Leistungsfähigkeit und Leistungsbereitschaft verbessert. Bei zu hoher Dosierung können allerdings bei sensiblen Menschen Herzrhythmusstörungen ausgelöst werden.

Coenzym Q_{10}: Gehalt verschiedener Organe bei zunehmendem Alter

	20 Jahre	40 Jahre	80 Jahre
Herz	100 %	68 %	42 %
Lunge	100 %	100 %	52 %
Leber	100 %	95 %	83 %
Nieren	100 %	73 %	66 %
Bauchspeicheldrüse	100 %	92 %	53 %

Gehalt von Coenzym Q10 (Ubichinon) beim Menschen in verschiedenen Organen mit zunehmendem Lebensalter (nach H. Dietl und G. Ohlenschläger)

Schlusswort und Ausblick

Ernährung ist die Umwandlung einer Lebensform in eine andere – in die des Menschen. Dabei wird die Energie weitergegeben von der Sonne über die Pflanzen und Tiere zum Menschen, ohne dass dabei ein einziges Atom verloren geht. Das bedeutet, dass überhaupt nichts »verbraucht« wird. Wir können diese Vorgänge nur beschreiben, aber gänzlich fassen können wir sie nicht. Deswegen wird die Ernährung ein »Dauerbrenner« bleiben und immer wieder »neue« Teilergebnisse aus einem anderen Blickwinkel darstellen – und wieder ad acta legen. Man muss sich dabei immer bemühen, den »roten Faden« zu finden, um die Wertigkeit dieser »neuen« Erkenntnisse zu erkennen und seine eigene Lebensweise und Ernährung harmonisch gestalten zu können, in Einklang mit den Naturgesetzen – und zwar in Körper, Seele und Geist.

Der Mensch ist immer versucht, die Naturgesetze an seine eigenen Neigungen und Gewohnheiten anzupassen. Das geht jedoch niemals gut, weil man Naturgesetze nicht ändern kann. Der Mensch neigt weiterhin dazu, sich von den Naturgesetzen »abzusondern«, was er in dem Wort »Sünde« zum Ausdruck bringt. Jeder Mensch kann machen, was er will; aber er muss dann auch die Folgen tragen. Das ist auch ein Naturgesetz. Daher wäre es klug, sich wieder an die Naturgesetze anzunähern, sich mit ihnen von innen her in Einklang zu versetzen. Denn der Mensch kann auf Dauer nicht mit ständigen von außen kommenden Geboten und Verboten leben. Auch Ernährungsvorschriften, die der inneren Natur des Menschen nicht entsprechen, sind nicht »gesund». Die klügste Strategie besteht darin, so zu leben, dass einem das schmeckt, was gesund ist.

Hier liegt der unschätzbare Wert richtiger körperlicher Aktivität oder von Sport mit einer optimalen Trainingssteuerung. Auf diese Weise wird der gesamte Lebensstil aktiv von innen heraus gestaltet und das ganzheitlich richtige Verhalten des Menschen automatisch gesteuert – ohne Gebote und Verbote.

Zudem erwacht die »somatische Intelligenz«, das intelligente Bewusstsein des Körpers, das uns sagt, wie wir leben und was wir essen sollen.

Denn wichtig beim Essen ist vor allem der Appetit, ein Phänomen, das wissenschaftlich noch nicht vollständig geklärt ist. Warum ernähren sich nicht alle Menschen gesund, obwohl heute doch so gut wie alle Menschen wissen, was gesund ist? Appetit ist Sympathie für bestimmte Nahrungsmittel – also eine Schwingung, die sich im geistigen Bereich abspielt. Da jedoch die Menschen auf verschiedenen geistigen Entwicklungsstufen leben und geistig unterschiedlich ausgerichtet sind, werden sie sich immer zu unterschiedlichen Ernäh-

rungsformen hingezogen fühlen, auch wenn die Wissenschaft ihnen entgegenhält, dass es falsch ist. Auch hier erkennt man, dass der wichtigste Schritt zu einer gesünderen Ernährung eigentlich in einer geistigen Entwicklung besteht.
Und der Mensch im dritten Jahrtausend wird diesen Schritt tun müssen. Er wird sich geistig weiterentwickeln – aber sehr langsam. Zunächst muss er sich auch klar darüber werden, in welche Richtung er sich nach dem Willen der Natur und der Evolution weiterentwickeln will und soll. Vielleicht wird er sich bei den modernen Bestrebungen nach »ewiger Jugend« und Anti-Aging klarer über diese Frage.
Der beste Weg dürfte der sein, die Erkenntnisse der Wissenschaften bewusst wahrzunehmen und als strategische Grundlage in sein Leben zu integrieren, wobei der Ernährung der richtige Stellenwert zugewiesen werden sollte: Nur wenn an erster Stelle eine gesunde geistige und dynamische Lebenseinstellung steht und an zweiter Stelle eine vernünftige und regelmäßige körperliche Aktivität, dann kann an dritter Stelle der Nutzen einer gesunden Ernährung zur vollen Entfaltung kommen, besonders wenn man an vierter Stelle auch daran denkt, in Harmonie mit sich, seiner Umwelt und der Natur zu leben.

Körperliche Betätigung, die dem eigenen Naturell entspricht, ist ein wichtiger Faktor eines aktiven Lebensstiles, zu dem auch die richtige geistige Einstellung, eine gesunde Ernährung und eine bewusste Entspannung gehört, die den Menschen wieder zu sich selber führt.

Anhang

Nützliche Adressen

Institute

Anti-Aging Akademie München, Goethestraße 4, D-80336 München, www.anti-aging-akademie.org

Deutsches Institut für Ernährungsforschung (DIFE), Arthur-Scheunert-Allee 114–116, D-14558 Bergholz-Rehbrücke, www.dife.de

Institut für Biologische Chemie und Ernährungswissenschaft, Universität Hohenheim (140), Fruwirtstraße 12, D-70593 Stuttgart, www.uni-hohenheim.de

Institut für Ernährungsinformation, www.ernaehrung.de

Nahrungsergänzung

Antox GmbH, Goethestraße 4, D-80338 München, www.antox.de

Dr. Grandel GmbH, Pfladergasse 7–13, D-86150 Augsburg, www.grandel.de

Institut für Biochemie, Deutsche Sporthochschule Köln, Carl-Diem-Weg 6, D-50933 Koeln, www.dshs-koeln.de/biochemie

Institut ISME, Privates Forschungsinstitut für Sport, Medizin & Ernährung, Weingartenstraße 2, D-64546 Mörfelden-Walldorf, www.innovafood.de

Olympiastützpunkt (OSP) Köln-Bonn-Leverkusen, Guts-Muths-Weg 1, D-50933 Köln, www.osp-koeln.de

Orthomol GmbH, Herzogstraße 30, D-40764 Langenfeld, www.orthomol.de

Organisationen und Verbände

aid infodienst – Verbraucherschutz, Ernährung, Landwirtschaft e.V., Friedrich-Ebert-Str. 3, D-53177 Bonn, www.aid.de

Deutsche Akademie für Ernährungsmedizin, Reichsgrafenstrasse 11, D-79102 Freiburg, www.daem.de

Deutsche Gesellschaft für Ernährung e.V. (DGE), Godesberger Allee 18, D-53175 Bonn, www.dge.de

Österreichische Gesellschaft für Ernährung (ÖGE), Zaunergasse 1–3, A-1030 Wien, www.oege.at

Schweizerische Vereinigung für Ernährung (SVE), Effingerstrasse 2, CH-3001 Bern, www.sve.org

Verband der Diätassistenten e. V., Postfach 10 51 12, D-40042 Düsseldorf, www.vdd.de

Verband der Diplom-Oecotrophologen e.V. (VDOE), Reuterstraße 161, D-53113 Bonn, www.vdoe.de

Kontakt und Link zum Autor

www.konopka-dr.de

Literatur

Biesalski, K., et al. (Hrsg.): Ernährungsmedizin. Thieme 2. Aufl. 1999

Brouns, F.: Die Ernährungsbedürfnisse von Sportlern. Springer 1993

Deutsche Gesellschaft für Ernährung: Referenzwerte für die Nährstoffzufuhr (D.A.CH). Umschau/Braus 2000

Dietl, H., und G. Ohlenschläger: Handbuch der orthomolekularen Medizin. Haug 2. Aufl. 1999

Donath, R., und K.-P. Schüler: Ernährung der Sportler. Sportverlag 1985

Feil, W., und Th. Wessinghage: Ernährung und Training fürs Leben. WESSP 2000

Geiss, K.-R., und M. Hamm: Handbuch Sportlerernährung. Rowohlt 1992

Hamm, M.: Schlank und gesund ohne Diät. München 1997 im Sport

Hamm, M.: Fit for fun. Powerfood für Spitzenleistungen. Südwest 2001

Heufelder, A. E., und W. P. Bieger: Das Anti-Aging Konzept. Gräfe und Unzer 2001

Hollmann, W., und Th. Hettinger: Sportmedizin. Schattauer 4. Aufl. 2000

Keul, J., und M. Hamm: Die richtige Fitness-Ernährung. Heidelberg 1998

Kieffer, F.: Die Bedeutung der Spurenelemente für Sportler. Leistungssport 20 (4), 29–37 (1990)

Kieffer, F.: Wie Eisen und andere Spurenelemente die menschliche Gesundheit beeinflussen. Mitt. Gebiete Lebensm.-Hyg. 84, 48 (1993)

Kluthe, R. (Hrsg): Ernährungsmedizin in der Praxis. Spitta 2002

Konopka, P.: Gut drauf sein. Hirzel 2002

Konopka, P.: Radsport. BLV 8. Aufl. 2002

Konopka, P.: Richtig Rennradfahren BLV 4. Aufl. 1998

Konopka, P.: Sporternährung. BLV 9. Aufl. 2002

Konopka, P.: Krebs, Immunsystem und Ernährung. wva Stuttgart 2003

Leitzmann, C.: Ernährung in Prävention und Therapie. Hippokrates 2001

Liesen, H., und M. Baum: Sport und Immunsystem. Hippokrates 1997

Neumann, G.: Ernährung im Sport. Meyer & Meyer 1996

Spitzbart, M.: Fit forever. WESSP 1999

Strunz, U.: Forever young. Topfit mit Vitaminen. Gräfe und Unzer 2001

Fit bleiben – Leistung steigern

BLV Sportwissen
Peter Konopka
Sporternährung
Die wissenschaftlichen Grundlagen und die große Bedeutung der Ernährung für Leistung und Gesundheit – anhand von Beispielen leicht verständlich dargestellt.

Thomas Wessinghage
Laufen
Der Lauf-Klassiker – komplett überarbeitet mit neuen Fotos; neue Erkenntnisse zu Lauftechnik, Ausrüstung und Training; Laufen und Gesundheit mit aktuellen Forschungsergebnissen der Sportmedizin; Termine der wichtigsten Marathonläufe weltweit.

BLV Sportwissen
Ludwig V. Geiger
Gesundheitstraining
Bewegung als Ergebnis menschlicher Evolution, soziokulturelle Aspekte von Bewegung, Grundwissen über die Physiologie der Bewegung und des Trainings, Anleitungen zum Gesundheitstraining mit einfachen, aber wirksamen Bewegungsprogrammen.

BLV Sportwissen
Ludwig V. Geiger
Überlastungsschäden im Sport
Sportbedingte Überlastungsschäden: Entstehungsmechanismen, Behandlungskonzepte und vorbeugende Maßnahmen zur Vermeidung.

Personal Trainer
Dirk Engel-Korus
Fitness für die Traumfigur
Für Figurbewusste: die besten Fatburner – von Walking bis Aerobic, Body-Styling durch Muskeltraining mit Übungen für alle Problemzonen, Entspannungsübungen, Ernährungstipps.

Personal Trainer
Doris Burger
Fitness statt Diät
Das Programm für Genießer, die dauerhaft abnehmen und trotzdem gut leben möchten: Walking, Schwimmen, Radfahren, Gymnastik, ausgewogene Ernährung, Yoga, Massage und andere Wohlfühl-Methoden.

Im BLV Verlag finden Sie Bücher zu den Themen: Garten und Zimmerpflanzen • Natur • Heimtiere • Jagd und Angeln • Pferde und Reiten • Sport und Fitness • Wandern und Alpinismus • Essen und Trinken

Ausführliche Informationen erhalten Sie bei:

BLV Verlagsgesellschaft mbH • Postfach 40 03 20 • 80703 München
Tel. 089/12705-0 • Fax 089/12705-543 • http://www.blv.de